보험설계사
세무신고 가이드

보험사 **WM** Wealth Manager
출신의 **세무사가** 이야기 하는

보험
설계사

세무신고
가이드

박춘발 · 신대성 · 권용현 지음

OK!

복잡한 세무신고
한 권으로 OK

지식공감

발간을 하면서

●
●

 2월 중순경에 평소와 다름없이 상쾌한 아침 공기를 느끼며 출근하는 중에 전 회사에서 모시고 있던 상사분에게 전화 한 통을 받았습니다. 상사분은 현재 지점장으로 근무하고 있는 보험설계사 한 분이 세무서로부터 과세해명통지를 받았다며 어떻게 일 처리를 해야 하는지 다급히 물어보았습니다.

 전날 친하게 알고 지내던 선배 세무사와 가볍게 식사를 하며 담소를 나누던 이야깃거리 중에 하나였는데 실제로 주변에서 발생하는 것을 보니 가볍게 생각을 하면 안 되겠구나 하고 생각하였습니다. 그런데 하루, 이틀 시간이 지날수록 한 명, 두 명씩 전화가 오기 시작했습니다.

● 보험설계사 세무신고 가이드

전화로 들려오는 목소리는 두려움으로 떨리고 있고, 사무실에서 직접 만난 경우에는 집이 곧 파산한다고 눈시울을 붉히는 분들도 계시고 그런 모습들을 보니 마음이 너무나 아프고 안타까웠습니다.

필드에서는 지점장으로, 본사에서는 WM센터, 교육팀 등에서 근무하면서 보험설계사분들과 함께 동고동락하며 함께 밥 먹고, 웃고, 울고 하는 시절을 보내서 그런지 피해자가 증가할수록 가만히 있는 것은 함께 했던 시간들을 고려하였을 때 도리가 아니라는 판단을 하였습니다.

그래서 보험설계사 다수를 과세소명하는 것보다 책을 발간하여 세무신고에 대한 지식도 넓히고 무엇보다 현명하게 세무사를 선택하여 지금처럼 후회가 남는 선택을 하지 않게 하고 싶은 마음에 친한 보험설계사분들부터 소규모로 상담해드리고 심야시간과 주말시간을 할애하여 이 책을 발간하게 되었습니다.

이 책으로 보험설계사분들이 조금이나마 세무신고에 도움이 되었으면 하는 바람이 있고 현명한 세무신고를 위하여 다음과 같이 구성하였습니다.

첫째, 세무신고에 대한 큰 윤곽을 그리면서 소득의 발생과 세액의 계산, 신고방법 등을 사례로 풀어내어 지루하지 않게 전반적인 이해를 돕도록 구성하였습니다.

둘째, 현재 발생된 사건처럼 과세 소명하는 경우나 잘못 신고가 들어간 경우 등 특수한 상황을 사례로 풀어내어 그 상황에 닥쳤을 때 당황하지 않고 당당히 세무처리하는 방법에 대하여 설명하였습니다.

셋째, 보험설계사분들이 상담 시에 필수적으로 필요한 보험 관련 세무 회계 지식을 수록하여 세무신고 외에 다른 의미 있는 지식도 일부 담아냈습니다.

세무라고 하면 딱딱하고 무거운 주제로 알고 있는 경우가 많습니다. 실제로도 그렇습니다. 내용도 방대하고 법령이라 해석도 어렵고, 지루합니다. 하지만 나름대로 사례를 풀어서 실무와 관련된 것만 흥미롭고 재미있게 설명하고자 많은 노력을 하였습니다.

물론 처음부터 좋은 책을 출간하기에는 부족하지만 이번 기회를 통해 보험설계사 혹은 다른 프리랜서 사업자에게 계속적으로 도움을 줄 수 있는 좋은 책을 출간하도록 노력하겠

· 보험설계사 세무신고 가이드

습니다.

  아무쪼록 이 책이 출간되기 전까지 진심 어린 도움을 주신
모든 분께 감사드립니다.

동이 틀 무렵 안양사무실에서,

박춘발

빨리 가려면 **혼자** 가고
멀리 가려면 **함께** 가라

어떤 사람이라도 살아있는 한 절대로 피해갈 수 없는 두 가지가 있다고 합니다. 바로 '죽음과 세금'입니다.

개인적으로 최근 정부 정책의 흐름이 비과세 축소 등 과세의 폭이 확대되고 있다는 생각이 듭니다. 수익을 많이 내는 것도 중요하고 성과도 필요하지만, 앞으로의 최대 화두는 절세입니다.

세금에 대한 기본적인 지식과 절세 요령을 알아두면 합법적으로 세금을 줄일 수 있는 방법을 찾아낼 수 있습니다. 또한 고객과의 상담에서 좋은 결과물을 만들어 낼 수 있습니다.

"빨리 가려면 혼자 가고, 멀리 가려면 함께 가라."는 아프리

· 보험설계사 세무신고 가이드

카의 속담을 좋아하는데 제가 13년 동안 현장에서 익힌 내용을 공유하여, 더 나은 내일을 함께 만든다는 생각에 작은 도움이라도 되고 싶은 마음을 담아 참여했습니다. 이 책을 통해서 합리적인 절세 전략을 찾아내고, 금융현장 업무에 도움이 되었으면 하는 바람입니다.

이 책을 만들면서 제게 도움을 주셨던 뛰어난 강사님들의 교육과 금융업계 선배님들의 책이 생각나며 감사한 마음이 들었습니다. 여러분들도 이 책을 보고 저와 같이 느끼고 성장하시기를 바랍니다.

국제공인재무설계사(CFP)

권용현

Chapter **01**

세무신고 전
필요경비에 대한
증빙서류를 잘 갖추어야
절세할 수 있다

일반적으로 보험설계사는 보험회사에서 수령하는 보험판매 수수료에 따라 보험회사에서 연말정산을 하는 1그룹과 연말정산을 한 후 간편장부를 작성하여 확정신고를 하는 2그룹, 복식부기에 의한 장부를 작성하여 확정신고를 하는 3그룹으로 구분할 수 있다.

　이 경우 1그룹과 2그룹이 종합소득세 확정신고 기간(매년 5월 1일~31일)에 장부를 갖추어 신고하는 경우, 지출이 입증되는 필요경비 금액이 본인에게 적용되는 단순(기준)경비율보다 많은 경우, 연말정산 했을 때보다 소득금액이 낮아지고 기장세액공제를 받을 수 있으면 최종적으로 납부세액을 줄일 수 있다.

　즉, 보험영업을 하면서 지출한 금액에 대하여 정상적인 필요경비로 인정받을 수 있도록 증빙서류를 잘 갖추게 되면 절세에 많은 도움이 될 수 있다는 것이다.

　증빙서류를 잘 갖추는 것은 본인 외에는 누구도 도움을 줄 수는 없다. 오직 본인만이 지출한 내역에 대해서 상세히 알고 지출 당시에 증빙서류를 갖출 수 있으므로 본인이 준비하여야 한다.

　이 말은 지출에 대한 입증을 하지 못하여 필요경비로 인정받지 못한 것에 대하여 다른 사람에게 그 책임을 전가할 수 없고 그에 따른 불이익을 보험설계사 자신이 책임져야 한다는 것이다.

지금부터는 앞으로 전개되는 내용을 미리 숙지하여 적절한 필요경비에 대한 증빙서류를 잘 갖추어 세어 나가는 세금을 절약해보자.

필요경비란 목적 없이 단순히 식사를 하거나 물건을 구입하면서 지출하는 금액이 아니라는 것이다. 필요경비는 보험영업을 위하여 고객과의 식사 비용, 고객에게 지급하는 판촉물 구입금액, 원거리 고객에게 판촉물을 보내기 위하여 지출한 택배비용 등이 필요경비에 속한다.

즉, 보험영업을 영위하기 위하여 지출한 금액을 필요경비라 할 수 있다. 따라서 보험영업 외에 사용하는 카드 사용내역 등은 업무무관경비라 하여 필요경비로 인정하지 않는다.

[관련법령] 소득세법 제27조(사업소득의 필요경비의 계산) ①항 사업소득금액을 계산할 때 필요경비에 산입할 금액은 해당 과세기간의 총수입금액에 대응하는 비용으로서 일반적으로 용인되는 통상적인 것의 합계액으로 한다.

Q 『보험료 대납액』의 경우 필요경비로 인정받을 수 있나요?

A [관련법령의 해석]

"소득세법에서는 총수입금액에 대응하는 비용으로서 일반적으로 용인되는 통상적인 것의 합계액으로 한다."라고 규정하고 있다. 이는 총수입금액에 대응하는 필요경비이면서 일반적으로 용인되고 통상적인 것이어야 한다는 것인데 보험료 대납액이 필요경비 산입 여부가 문제가 된다. 보험영업을 할 때 고객이 요구하는 경우 1회차 보험료를 대신하여 납부하거나 환수를 피하기 위해 가입한 보험상품의 유지 의사가 없는 고객을 대신해서 잔여 회차의 보험료를 보험설계사가 대신 납부하는 경우가 있다.

통상 대납액이라고 하는데 이는 보험업법 제98조[특별이익의 제공금지] 규정을 위반한 것이다.

보험업법 제98조에서는 "보험계약의 체결 또는 모집에 종사하는 자는 그 체결 또는 모집과 관련하여 보험계약자나 피보험자에게 다음 각 호의 어느 하나에 해당하는 특별이익을 제공하거나 제공하기로 약속하여서는 아니 된다."라고 규정하고 있다.

동법 제98조의 각호 중 4호에는 "보험계약자나 피보험자를 위한 보험료의 대납"을 규정하고 있으므로 보험설계사의 고객이 가입한 상품의 대납액의 경우 보험업법를 위반한 행위에 속한다.

따라서 다른 법률를 위반한 행위이므로 보험료 대납액으로 지출되는 비용은 일반적으로 용인되는 통상적인 것이 아니기 때문에 필요경비로 인정하지 않는 것이다.

02 필요경비의 종류

보험설계사는 영업의 행위에 제한이 있어 많은 종류의 경비가 발생하지는 않는다. 다만, 조금이라도 절세를 위하여 인정받을 수 있는 필요경비에 대한 예시를 들어 본다면 다음과 같은 것들이 있다.

평소에 신용카드, 계좌이체 등을 통하여 아래의 금액을 지출하는 경우 어느 항목에 해당하는지 의식을 가지고 경비처리를 하게 되면 절세에 많은 도움이 될 것이다.

필요경비의 정의에서 살펴보았듯이 다음의 필요경비 예시는 해당 항목으로 지출했다는 것이 중요한 것이 아니라 해당 항목으로 보험영업에 지출하여야 필요경비로 인정받을 수 있음을 주의해야 한다.

1) 비서 등의 인건비

영업성과가 좋은 보험설계사의 경우에는 자신의 스케줄 관리나 봉사품 관리, 택배발송 등 부분적으로 아르바이트, 정식 고용형태의 근로자 등의 방식으로 친인척, 제3자를 고용하여 비서 등의 업무를 보게 하는 경우가 많다.

이 경우 비서에게 지급하는 금액은 인건비 명목으로 하여 필요경비로 인정받을 수 있다.

따라서 비서 등에게 지급하는 금액은 작은 금액이라도 현금으로 지급하는 것보다 계좌이체를 하여 그 지급에 대한 근거를 남기는 것이 좋다. 또한, 급여형태로 지급하였다면 고용한 형태에 따라 지급하는 금액에 대하여 원천징수하고 지급한 달의 다음 달 10일까지 원천징수한 세액을 신고납부하여야 한다.

주의할 점은 인건비를 지급하는 경우, 원천징수 문제와 지급명세서 제출문제 등 추가적인 문제가 발생하므로 담당 세무사와 반드시 상의 후에 업무를 보아야 관련된 가산세를 추가적으로 부담하지 않을 수 있다.

2) 여비교통비

보험설계사는 본인이 소유한 차량을 이용하여 이동할 수도 있고, 대중교통을 이용하여 이동할 수도 있다. 물론 상황에 따라 두 가지 교통수단을 혼용하여 이동할 수도 있다.

여기서 말하는 여비교통비는 본인이 소유한 차량을 운행하는 경우 고속도로 통행료와 대중교통 이용 시에 발생하는 경비를 의미한다. 즉, 상담을 위하여 다른 지역에 있는 고객을 만나기 위해 철도 또는 버스를 이용하는 경우, 가까운 고객에게 지하철 또는 시내버스, 택시를 타고 이동하는 경우가 포함된다.

물론 가족들과의 즐거운 여행을 위하여 사용된 금액은 필요경비로 인정하지 않는다.

· 보험설계사 세무신고 가이드

3) 통신비

예전에 근무했던 사무실에서는 월초나 상령일이 근접한 고객이나 잠재고객 등에게 DM을 많이 보낸 것 같다.

그런데 DM을 보내기 위해서는 편지봉투나 우표 등을 구입하는데 편지봉투나 우표 등은 소모품으로 통상 비용처리가 가능하고 통신비에서는 우편을 발송하는데 소요되는 비용을 의미한다.

또한 고객과 여러 가지 상담을 할 일이 많은데 그 수단으로 휴대폰이나 사무실의 개인 유선 전화기를 많이 사용한다. 보험상담을 위해 매월 단위로 지출되는 전화요금 등도 통신비로 비용처리가 가능하다.

4) 보험료

보험료로 비용처리 할 수 있는 항목은 일반적으로 매월 납부하는 건강보험료와 연 단위로 납부하는 자동차보험료를 생각해 볼 수 있다. 이러한 보험료는 경비로 처리할 수 있는데 잠깐 근로소득자와 비교를 해보자.

근로소득자는 건강보험료를 소득공제 항목으로 분류하고, 자동차보험료를 보장성보험료 세액공제 항목으로 분류하고 있다(신용카드로 결제하더라도 신용카드 사용액에 대하여 소득공제를 적용받지 못한다).

보험설계사는 건강보험료와 자동차보험료를 소득공제 하지 않고 필요경비로 처리한다.

사업소득자는 소득금액 산정 시에 필요경비가 수입금액보다 많으면 결손이 발생하기도 한다.

그렇기 때문에 보험설계사의 건강보험료와 자동차보험료는 결손 발생에 기여하기 때문에 소득공제하는 것보다 유리한 측면에 위치해 있다(보험설계사도 극히 드문 경우에 환수 등으로 결손이 발생할 수 있다).

즉, 근로소득자는 해당 보험료가 공제 가능한 적정한 소득이 있어야 당해 연도에 한해서 공제할 수 있지만, 보험설계사는 사업소득으로 분류되기 때문에 결손이 발생하는 경우 10년간 이월하여 결손금액을 결손이 발생하지 않은 사업소득에서 공제할 수 있기 때문에 10년간 계속해서 필요경비로 차감할 수 있다는 논리가 형성된다.

5) 리스료

보험영업을 하기 위하여 차량을 운행하는 형태는 자가차량을 소유하여 운행하는 것과 리스 형태로 운행하는 것, 렌탈하여 운행하는 것, 이 3가지가 있을 것이다.

그중 리스 및 렌탈로 차량을 운행하는 경우 그 지출 금액에 대하여 리스료로 하여 필요경비로 인정받을 수 있다.

다만, 2017년부터는 복식부기의무자에 해당하는 경우에 비영업용 승용자동차에 관한 규정을 적용받기 때문에 필요경비로 인정받을 수 있는 금액은 무한정 인정하는 것이 아니라 일정한 한도 범위 내에서 인정하고 있다.

이는 업무용 승용자동차 관련 비용 등의 필요경비불산입 특례에서 자세히 설명하기로 한다.

6) 세금과 공과

세금과 공과로 경비 처리하는 항목은 여러 가지가 있을 수 있다. 대표적으로 사업과 관련하여 문서 작성 시 지출하는 인지세, 자동차를 소유하는 경우 매년 납부하는 자동차세 등을 생각해 볼 수 있다. 설명한 것 외에도 개인에 따라 여러 공과금 등이 있을 것이다. 다만 법을 위반하여 지출하는 과태료 등은 필요경비에 산입할 수 없다.

7) 감가상각비

사업용 고정자산에 대해서는 가치 소모분에 대한 금액을 합리적으로 추정하여 필요경비로 인정할 수 있는데, 보험설계사에게 대부분 해당하는 것이 본인 소유 차량의 감가상각비를 생각해 볼 수 있다.

단순히 취득한 차량가액에 대하여 감가상각을 하는 것이 아니라 그 차량을 취득했을 때 부가적으로 지출하는 취득세 등을 차량가액에 가산하여 감가상각비를 계산한다.

통상 5년간 감가상각 할 수 있고 차량가액 자체가 크기 때문에 소득세신고 시에 반드시 반영하도록 하자.

다만 2017년부터 복식부기의무자에 해당하는 경우 연간 800만 원 한도 내에서 경비처리를 할 수 있다. 자세한 내용은

'업무용 승용자동차 관련 비용 등의 필요경비불산입 특례'에서 설명할 것이다.

8) 접대비

보험영업을 하게 되면 정말 많은 사람을 만나게 되는 것 같다.

사람을 만나게 되면 심심하게 대화만 하는 것이 아니라 계약체결에 대한 목적을 가지고 식사나 차를 마시는 경우가 많다. 또한 식사나 차만 마시고 헤어지는 것이 아니라 고객의 손에 작은 롤팩이라도 손에 쥐여줘야 뭔가 일을 한 것 같기도 하다. 이렇게 식사나 차를 마시면서 지불한 금액, 고객의 손에 쥐여주기 위해서 구입한 롤팩 모두 비용처리 가능하다.

그리고 고객의 경조사라면 어느 지역이든 얼굴을 보며 축하와 위로를 해야 한다는 생각에 축의금, 부의금 등을 현금으로 많이 지출한다. 이러한 경조사비도 접대비에 해당한다.

주의할 점은 접대비는 일정한도 내에서만 비용처리가 가능하다는 것이다. 따라서 고객들에게 보험계약 체결을 위해 판촉물을 지급하는 경우, 접대비와 광고선전비를 구분하여 비용처리 해야 할 필요성이 있다.

9) 광고선전비

요즘은 전단지도 제작업체에서 저렴한 비용으로 예쁘게 잘 만들어 주는 것 같다. 예전에는 사무실에서 나름 깔끔하고 예쁘게 컴퓨터로 작업해서 '찌라시'라는 것을 만들어 작은 비닐 봉투에 껌과 사탕 같은 것을 넣어서 길거리에서 보험설계사 분들과 많이 나눠주곤 한 것 같다.

전단지 제작업체에 의뢰하여 만든 전단지 제작비용, 작은 비닐 봉투에 넣으려고 산 껌과 사탕 구입 비용 모두 필요경비로 처리 가능하다. 따라서 전단지 등을 만들어 불특정다수를 대상으로 배포하게 되면 자신의 홍보도 되고 절세도 된다.

10) 도서인쇄비

보험영업 상담을 원활하게 잘하기 위해서는 알아야 하는 것

• 보험설계사 세무신고 가이드

이 참 많은 것 같다.

재무설계사 자격증을 취득하기 위하여 수험서도 구입해야 하고, 여러 경제, 사회적인 이슈를 체크하기 위하여 관련 서적 및 경제 잡지를 구입하거나 신문을 구독하는 등 공부를 해야 하는 범위가 끝이 없다.

하지만 관련 서적을 구입하거나 신문을 구독하기 위하여 지출하는 금액은 경비 처리가 가능하므로 자기계발을 부지런히 하면 지식도 쌓고 절세도 되니 일거양득이다.

11) 교육훈련비

도서인쇄비에서도 언급했듯이 보험설계사는 생각보다 많은 공부를 하는 직업이다. 공부를 하지 않으면 개정되는 세법이나 트렌드에 맞추지 못하기 때문에 쉽게 도태될 수 있기 때문이다. 그래서 보험설계사분들은 영업 스킬을 향상시키는 강의, 상담을 위한 심도 깊은 지식 강의 등 재무설계협회나 각종 유료강의를 청강한다. 그때 지출한 비용은 비용처리가 가능하다

12) 운반비

고객의 생일, 설·추석 명절, 그리고 필요한 경우에 부분적으로 또는 대량으로 지점에 택배 박스를 쌓아 놓고 즐거운 마음으로 고객에게 배송할 준비를 안 해본 보험설계사는 없을 것으로 생각이 든다.

우리가 보내는 택배 하나당 통상 2,500원 가량 지출하는데 1년 정도 모으면 꽤 큰 금액이 된다. 비용처리 가능하므로 현금으로 지출한 경우에는 택배송장을 잘 보관하면 절세할 수 있다. 또한 필요에 따라 신속하게 보낼 경우 퀵서비스도 이용하는데 통상 카드 단말기를 가지고 있지 않으므로 간이영수증을 보관하는 경우 비용처리 가능하다

13) 차량유지비

지역에 따라 다르겠지만 차량이 있는 경우 이동하기가 수월하여 본인 소유 차량을 가지고 활동을 많이 한다.

차량으로 활동하게 되면 주유비도 발생하고 때로는 운행하

는 차량이 고장이 나서 카센터에 수리를 맡기는 경우도 있고, 정기적으로 검사도 받아야 한다. 또한 차량이 더러워진 경우, 겉으로 드러나는 이미지를 위해 깨끗하게 세차도 하는데 관련 증빙서류를 잘 갖춰 두면 비용으로 인정받을 수 있다.

14) 지급수수료

조금이라도 더 나은 보험상담을 위해 낮에는 일을 하고 밤에는 공부하는 주경야독형 보험설계사 분들이 참 많다.

그 성과로 재무설계 관련 자격증, 각종 금융자격증을 취득하고 뿌듯하게 자격증을 발급받곤 하는데 이러한 자격증을 발급받기 위하여 지출하는 수수료도 비용처리 가능하다. 또한, 세무사 사무실에 지급하는 월 기장수수료 또는 신고대행수수료 등도 비용처리 가능하다.

지급수수료 범위는 생각보다 많이 있다.

15) 기부금

보험의 의미는 사랑이라고 생각한다. 그래서 보험설계사는 그 사랑을 실천하기 위하여 보험계약체결에도 열심이고 자신이 벌어들인 소득을 종교단체나 불우이웃돕기 등에 기부하는 활동도 열심이다. 사업소득자는 지출하는 기부금에 대하여 경비처리가 가능하다. 다만 지정기부금의 경우에는 일정한 한도가 있기 때문에 기부금으로 지출한 모든 금액에 대하여 경비처리가 되지 않음을 주의해야 한다.

16) 기타비용

기타비용으로 처리할 수 있는 것은 크게 두 가지 정도로 볼 수 있을 것이다. 물론 저자가 발견하지 못한 부분도 있을 수도 있다. 여기서는 두 가지 정도로 언급하고자 한다.

첫 번째가 판매촉진비다.

판매촉진비는 보험회사가 보험설계사에게 정기적 또는 비정기적으로 일정한 판촉물품을 지급하고 그 금액을 보험설계사의 수입금액에 포함하여 비용처리하고 있다. 따라서 보험회사로부터 매월 수수료를 지급 받을 때 월 수수료 현황표(급여대장)를 수취하게 되는데 수입금액에 보면 판매촉진비 명목으로 계상되어 있다. 보험설계사는 그 판매촉진비 금액을 다시 보험설계사의 수입금액에서 차감하는 비용으로 처리할 수 있다.

두 번째가 보험계약에 대한 환수금액이다.

보험설계사가 체결하는 모든 계약은 환수를 받지 않는 회차까지 보험계약을 체결한 고객이 그 상품을 유지한다는 보장이 없다.

따라서 그 고객이 환수 범위 내의 회차에서 임의로 해약을 하게 되면 그 계약을 체결하면서 받은 수당에 대해서 다시 보험회사로 상환해야 한다.

이 경우 하나의 회사에서 계속 일을 하는 보험설계사는 이미 그 환수금액이 수입금액에서 차감되어 상관이 없지만, 다른 회사로 옮긴 경우 전의 회사에서는 환수가 계속 발생하고 있고, 그 환수금액은 이직한 회사의 수입금액에서 자동으로 차감이 되지 않기 때문에 별도로 상환해야 한다. 이 경우 전의 회사에서 발생한 환수금액은 필요경비로 인정된다.

[관련예규의 해석]

가령 2017년 7월에 보험계약하여 2017년 8월에 보험판매수
수료를 수령했다고 가정해보자. 그러나 보험 계약 유지 12회차
가 되기 전에 해지가 되는 경우 환수 조항이 있었고 2018년 2
월에 고객이 해지하면 환수가 발생한다. 그렇다면 2018년 3월
보험판매수수료에서 차감하는 필요경비로 본다는 것이다. 하
지만 하나의 회사에서 계속 보험모집을 하고 있었다면 급여명
세서상에서 당연히 환수금액이 차감되었겠지만, 만약 2018년
1월에 다른 회사로 이직을 한 경우 2월에 해지된 계약에 대한
환수금액이 3월에 발생되어 청구가 들어 올 것이다. 따라서
2018년 소득세신고 시에 전 회사에서 발생한 환수금액을 필
요경비로 산입해야 하는 것이다.

17) 개별로 임차 공간을 마련하여 영업을 하는
GA 등을 운영하는 경우

보험설계사들 중에 1인 GA로 있거나 대형 GA에 소속하여 활동을 하시는 분들이 있다. GA로 소속되어 활동하는 형태는 여러 가지가 있는데 여기에서 이야기하는 GA는 개별로 사무실을 임차하여 활동하는 보험설계사를 의미한다.

이러한 보험설계사들은 사무실을 공동임차하거나 단독으로 임차하여 별도의 영업공간을 확보하여 활동하는데 GA를 운영할 때는 원수사에 소속된 보험설계사들보다 폭넓게 비용을 인정받을 수 있는 부분이 많다.

여기서는 앞에서 언급한 내용 외에 추가적인 부분에 대해서 설명하고자 한다.

(1) 사무실

GA로 운영하는 경우 본인 집에서 활동하는 것이 아니면 사무실을 임차하거나 매매로 취득하여 별도의 영업공간을 확보하여 영업활동을 할 수 있다.

사무실을 임차하는 경우, 지출하는 임차료와 매매로 취득할 때 상가건물의 감가상각비를 비용으로 인정받을 수 있다. 또한, 상가건물의 관리비, 전력비, 가스/수도비, 화재보험료, 인테리어 비용, 재산세 등의 지출된 금액도 비용처리 가능하다.

(2) 인건비 등

GA 사무실을 운영하면서 통상 급여계산, 그 밖의 다른 업무를 보기 위하여 총무 사원을 두고 일하게 된다. 이 경우, 총무 사원에 대하여 지급하는 인건비 및 4대 보험료, 복리후생비, 퇴직급여 등을 인건비 등으로 비용처리 할 수 있다. 단, 원천징수 등의 세법상 의무가 발생하므로 총무 사원을 둔 경우 담당 세무사와 먼저 상의 후에 세무처리를 해야 한다.

(3) 통신비

GA사무실의 경우 보험설계사별 유선 전화기 사용료, 인터넷 사용료 등의 비용도 비용으로 처리할 수 있다.

(4) 기타 비용

그 밖의 비용으로 보험설계사들의 영업향상을 위하여 지출한 교육훈련비, 컴퓨터/문구 등의 소모품 구입액, 정수기 임차

료, 복합기 등의 임차료 및 구입비용 등을 비용으로 인정받을
수 있다.

18) 필요경비 같지만 필요경비로 인정하지 않는 경우

필요경비로 인정될 것 같지만 안 되는 금액도 있다. 대표적인
것이 보험판매수수료로 금융자산 등을 취득한 경우 그 금융자
산에서 손실이 발생하였을 때 그 손실 금액은 비용으로 인정
하지 않는다. 그렇다면 왜 수익이 발생할 때는 과세를 하다가
손실이 발생하였을 때에는 비용으로 인정하지 않는 걸까?

이는 금융자산은 이자, 배당소득을 구성하는 것이므로 소
득구분 자체가 다르기 때문이다. 따라서 보험판매수수료로
금융자산 등을 취득하였더라도 그 손실은 이자, 배당소득으
로 귀속이 되는 것이므로 사업소득에서 차감하는 필요경비로
보지 않는다. 또한 GA로 운영하는 경우 사무실 공간을 마련
하기 위하여 별도의 상가건물을 소유하는 경우도 있다. 경우
에 따라선 차후에 이사를 가든가, 폐업하는 경우 다른 이에게
양도할 수 있다. 이 경우 취득했던 금액보다 낮은 가액으로

양도하면 손실을 볼 수 있다.

그렇다면 사업에 사용했던 사무실에서 발생한 손실은 경비 처리가 가능할까. 그렇지 않다는 것이다. 이는 사업소득금액에서 차감하는 필요경비로 보지 않는다. 그 이유는 상가건물의 양도는 양도소득세 과세대상이므로 양도소득세를 계산할 때 고려하는 것이지 사업소득금액의 필요경비로 보지 않는 것이다.

03 업무용 승용자동차 관련 비용 등의 필요경비불산입 특례

　　2016년 업무용 승용자동차에 대한 전반적인 세법이 개정되었다. 개정된 내용에 대해서 간략히 정리해보면 사업자가 업무용 승용자동차와 관련하여 지출한 금액 중 일정 요건을 충족한 경우에만 비용으로 인정한다는 취지로 개정되었다. 이러한 업무용 승용자동차와 관련된 필요경비 산입여부에 대해서 자세히 알아보기로 하자.

1) 대상자

업무용 승용자동차에 대한 관련 규정은 복식부기사업자만 적용받는다. 복식부기사업자에 대한 설명은 Chapter2에서 자세히 설명하기로 한다.

2) 대상차량

업무용 승용자동차 관련 비용 등의 필요경비불산입 특례를 적용받는 차량은 경차, 9인승 이상 승용자동차, 트럭 그리고 승합차 등을 제외한 모든 차량이 대상 차량에 포함된다.

3) 업무용 승용자동차 관련 비용의 범위

(1) 업무용 승용자동차 관련 비용 등의 필요경비불산입 특례 적용 대상 비용은 다음과 같다

· 보험설계사 세무신고 가이드

① 감가상각비 (리스 차량 및 렌트 차량의 경우 감가상각비 상당액)

② 임차료

③ 유류비

④ 보험료

⑤ 수선비

⑥ 자동차세

⑦ 통행료

⑧ 이외 업무용 승용자동차의 취득 및 유지를 위하여 지출한 비용

(2) 감가상각비 및 감가상각비 상당액

2015년 12월 31일까지 구입한 차량의 경우에는 감가상각비를 정률법 또는 정액법을 적용해서 감가상각비를 계산해서 비용으로 인정받을 수 있다.

다만 2015년 12월 31일까지 구입한 차량은 다음의 경우에 따라 정액법 또는 정률법이 적용된다.

경우1 | 2016년 1월1일 이후 신규 입사한 경우

- 2015년 12월 31일까지 구입한 차량일지라도 최초 보험 영업에 사용한 시점은 2016년 이후에 해당한다. 이러한 경우에는 2015년 12월 31일까지 구입한 차량일지라도 감가상각은 정액법에 따라서 비용을 인정받게 된다.

경우2 | 2015년 12월 31일 이전에 입사한 경우

- 보험영업을 위하여 2015년 12월 31일까지 구입한 차량을 2016년부터 최초로 감가상각비를 계상한 경우에는 정률법에 따라서 감가상각비를 인정받게 된다.

2016년 1월 1일 이후에 구입한 차량의 경우에는 정액법을 적용하여 감가상각비를 계산해서 비용으로 인정받을 수 있다.

• 감가상각비 상당액 (차량을 리스 또는 렌트로 이용하는 경우)

• 리스로 이용하는 경우
  : 감가상각비 = 리스료 − 보험료 − 자동차세 − 수선유지비

  ⇨ 수선유지비 별도 구분이 어려운 경우 수선비는 다음의 산식에 따라 계산한 금액
  : 수선비 = (리스료−보험료−자동차세) × 7%

• 렌트를 이용하는 경우 : 감가상각비 = 임차료 × 70%

---

4) 업무용 차량 관련 비용 중 업무사용금액

업무용 차량 관련 비용은 운행일지 작성 여부에 따라 비용으로 인정받을 수 있는 금액이 달라진다. 따라서 업무용 차량 관련 비용 중 업무와 관련하여 지출한 금액의 합계액이 1,000만 원을 초과하는 경우에는 업무용 운행일지를 작성해야 관련 비용을 적법하게 비용으로 인정받을 수 있다. 다만 업무와 관련하여 지출한 금액의 합계액이 1,000만 원 이하인 경우에는 운행일지 작성과 관계없이 전액 비용으로 인정받을 수 있다. 그러나 여기서 주의해야 할 점은 차량 별로 해당 금액의 합계액을 판단해야 한다는 점이다.

- 운행일지를 작성한 경우 : 업무용 승용자동차 관련 비용 × 업무사용비율 (업무관련 운행거리 / 총 운행거리)
- 운행일지를 작성하지 않고 업무용 차량 관련 비용이 1,000만 원 이하인 경우 : 1,000만 원 이하 지출액 × (보유 월수 ÷ 12)
- 업무용 차량 관련 비용이 1,000만 원 초과인 경우 : 업무용 승용자동차 관련 비용 × 일정비율 (1,000만 원/총비용)

5) 업무용 차량의 처분

　업무용 차량을 처분하는 경우 처분을 하면서 이익을 볼 수도 있고 손실을 볼 수도 있다.

　여기서 말하는 이익과 손실은 세법상의 이익과 손실을 말한다. 좀 더 자세히 설명하자면 손익을 인식할 때 처분 금액과 취득 금액의 차이로 손익을 인식하는 것이 아니라 처분 금액과 취득금액에서 감가상각누계액을 차감한 금액의 차이로 손익을 인식한다.

　그럼 업무용 차량을 처분할 때 손익이 발생하는 경우에 세법상 어떻게 처리하는지에 대해서 알아보기로 하자.

　업무용 차량을 처분하면서 이익이 발생한 경우에는 종합소득세신고 때 다른 수익과 합산해서 신고를 해야 한다.

　업무용 차량을 처분하면서 손실이 발생한 경우에는 종합소득세신고 때 비용으로 인정받을 수 있다. 다만 10년 동안 연간 800만 원을 한도로 비용을 인정받을 수 있다.

04 지출증빙별 입증방법

경비로 지출하면서 지불하는 수단은 개인에 따라 여러 방법이 있을 것이다. 현금으로 지급하든지, 신용카드로 결제하든지, 계좌이체로 송금하든지 개인이 편한 지불 수단을 이용하여 결제할 것이다. 보험설계사 입장에서 가장 좋은 방법은 신용카드로 결제하는 것이다.

만약 신용카드가 되지 않는 경우 계좌이체 또는 현금을 지급하고 현금영수증을 받는 것이다. 다른 일반 사업자들과 다르게 보험설계사는 계좌이체나 현금을 사용하는 경우 세금계산서나 계산서를 수취하는 경우는 드물다. 여기에서는 지불하는 수단에 대하여 경비로 인정받을 수 있는 입증방법에 대하여 알아보자.

1) 세금계산서

보험설계사와 관련하여 세금계산서를 수취할 수 있는 경우는 GA 임차 사무실의 임차료를 생각해 볼 수 있다.

상가 건물은 부가가치세가 과세되는 용역의 공급에 해당하기 때문에 임대인은 월 임대료에 대하여 임차인에게 부가가치세법에 따라 세금계산서를 교부하여야 한다.

만약 임대인이 세금계산서를 발급하지 않으면 가산세 부과 대상에 해당이 되고 GA점주는 경비로 인정받을 수 있는 입증자료가 없기 때문에 실제 경비임을 소명하는 데 불편함을 가질 수 있고 소득세법에 따른 증명서류불비 가산세가 부과될 수 있다(필요경비로 인정하는 금액은 공급가액에 부가가치세액을 합한 공급대가이다).

2) 계산서

계산서와 세금계산서의 차이점은 판촉물 등을 공급하는 사업자가 부가가치세가 과세 되는 사업자 여부에 따라 다르다.

공급하는 사업자가 과세사업자이면 세금계산서를 발급하는 것이고, 면세사업자이면 계산서를 발급하는 것이다.

만약 보험설계사가 현금 또는 계좌이체로 지불하고 계산서를 수령하지 않는다면 실제 경비임을 소명하는 데 불편하고, 소득세법에 따른 증명서류불비 가산세가 부과될 수 있다. 따라서 지불수단을 신용카드 등으로 결제하는 것이 좋은 절세수단에 해당한다.

3) 신용카드매출전표 또는 현금영수증

신용카드매출전표는 신용카드로 그 구입대금을 결제하는 경우에 교부받는 증빙서류이고 현금영수증은 현금이나 계좌이체로 물품의 대금을 지급하는 경우 교부받는 증빙서류이다.

신용카드매출전표나 현금영수증은 법정증빙서류에 해당하고 세무상으로도 동일하게 본다.

현금영수증은 발급할 때 증빙으로 인정받기 위해 '지출증빙용'으로 발급받아야 한다.

만약 개인적인 사정으로 가족 명의의 신용카드를 사용한

경우 그것이 실제 보험영업에 사용되었고, 그 대금을 보험설계사가 결제하였음을 입증할 수 있다면 실질과세원칙에 따라 필요경비로 볼 수 있다.

따라서 보험설계사는 다른 법정증빙서류보다 본인 명의의 신용카드나 현금영수증으로 증빙서류를 갖추는 것이 경비 입증에 보다 편리하고 절세에 많이 도움이 된다.

4) 원천징수영수증 및 지급명세서

원천징수영수증 및 지급명세서는 법정증빙서류에 해당한다. 따라서 필요경비에 해당하는 것이다.

다만 보험설계사가 자신의 비서 등의 인건비를 지급하는 경우 원천징수 하고 원천징수한 세액을 다음 달 10일까지 납부하여야 한다.

인건비 관련해서는 세법상의 가산세 문제와 노무상의 문제가 동시에 발생하므로 비서 등을 채용하는 경우 그 처리 방법에 대하여 담당 세무사와 반드시 상의 후에 인건비를 지급하여 관련 법률에 따른 제반 불이익을 받지 않도록 하자.

5) 영수증

영수증 또는 간이영수증, 금전등록기 영수증이라고도 한다. 이러한 영수증은 법정증빙서류로 보지 않는다. 다만, 영수증을 3만 원 이하 금액으로 수령하는 경우 가산세 없이 필요경비로 인정하지만 3만 원을 초과하여 영수증을 수취하는 경우 증빙불비가산세가 부과된다. 또한, 소득세신고 시에 영수증수취명세서 제출하지 않은 경우 추가적으로 가산세가 부과된다. 다만, 보험설계사가 간편장부대상자에 해당하는 경우에는 소규모사업자로 보아 증빙불비가산세 및 영수증수취명세서 미제출 가산세를 적용하지 않는다.

여기서 주의해야 하는 것은 접대비로 볼 수 있는 특정 고객의 선물 등을 구입할 때 그 금액이 1만 원을 초과하는 경우에 영수증을 수령할 때는 전액 필요경비로 보지 않는다는 것이다. 따라서 영수증, 간이영수증은 가급적 수령하지 말고 신용카드 등으로 결제하는 습관을 가지는 것이 절세에 도움이 된다.

[관련예규] 소득, 소득세과 - 367, 2011.04.29
제목 : 건물수리비 지출하고 간이영수증 수취시 가산세여부
요지 : 사업자가 다른 사업자로부터 재화·용역을 공급받고 법정
　　　증빙서류를 수취하지 않은 경우 증빙불비가산세를 적용함

6) 경조사비 지출금액

고객이 많은 보험설계사의 경우 그 지출하는 경조사비 또한 만만치 않다. 지출하는 횟수가 많은 만큼 시간이 지나면 기억이 잘 나지 않기 때문에 그 지출 여부를 가리는 것 또한 쉽지 않다. 따라서 경조사비로 지출하는 경우 이것만큼은 기억하자.

청첩장, 부고장, 돌잔치 등의 초대장 사본이나 휴대폰 문자, E-Mail, 팩스 등으로 수신한 내용도 가능하다. 이 경우 고객, 장소, 일시 등의 정보가 포함되어야 한다. 만약 화환이나 조화를 보낼 경우 신용카드로 결제하면 별도 증빙이 필요 없다. 다만 지출한 경조사비는 최대 20만 원 이하의 금액만 접대비로 인정되는 것에 유의하자.

Chapter 02

세무사 선임 전
스스로 세액을 계산해 보자
(신고부터 납부까지 A~Z)

세법 지식이 부족한 일부의 보험설계사들은 자신의 세액계산에 다소 어려움을 느껴본 바가 있을 것이다. 계산하는 방법을 보험회사 등에서 교육을 많이 받아서 할 수 있을 것 같지만, 막상 해보면 쉽게 되지 않는다.

저자도 세무사 공부를 하기 전에는 어려움을 많이 느꼈다.

그래서 본 장에서는 스스로 세액을 계산할 수 있도록 구체적인 사례를 제시하여 보다 쉽게 계산을 할 수 있도록 도움을 주고자 지면을 풍부하게 할애하였다. 다만, 세액을 계산하는 연습을 할 때 '나는 왜 안 되지?'라고 자책을 할 필요는 없을 것 같다.

처음에는 누구나 익숙하지 않으며 계산과정에서 사소한 실수를 하여 완전한 계산을 할 수는 없을 것이라 생각한다. 천천히 본 서에서 제시하는 계산 방법을 따라 하다 보면 어느 순간 자신의 세액을 계산하는 것에 익숙해질 것이다.

01 보험설계사의 소득세신고 방법

 동일한 지점(팀 등) 내에서도 보험설계사들마다 활동량도 다르고 영업력도 다르기 때문에 소득의 분포가 다양하게 나타난다. 어떤 보험설계사들은 연말정산을 한다고 하고, 일부 보험설계사들은 세무사 사무실에 신고를 위임한다고 한다. 동일한 조직 내에서 일을 하면서 누구는 연말정산을 하고 누구는 세무사 사무실에 신고를 위임하고 왜 그런 것일까?

 소득세법에서는 보험설계사의 수입금액에 따라 일정한 기준을 두고 신고 방법을 달리하도록 규정하고 있다. 즉, 소득금액의 계산 방법에 따라 기준경비율, 단순경비율을 적용하여 신고하는 추계신고 방법과 간편장부 또는 복식부기로 작성한 장부를 제출하여 신고하는 기장신고 방법이 있다.

1) 추계로 신고 방법

추계로 신고하는 방법은 보험회사에서 연말정산으로 확정 신고를 대신하는 것을 말한다. 즉, 사업소득금액을 산정할 때 해당연도 신규 입사자는 해당 연도 수입금액기준으로, 해당 연도 이전에 입사한 보험설계사는 전년도 수입금액기준으로 기준경비율 또는 단순경비율이 적용된다.

다만 추계로 신고하는 방법은 신고과정이 간단하지만 복식부기의무자가 추계신고하는 경우에는 무기장가산세 등의 세법상 패널티가 적용된다.

[경비율]
① **단순경비율** : 기본율 77.6%, 초과율 68.6%
② **기준경비율** : 38.9% 단, 복식부기의무자는 38.9%의 50% 적용

· 보험설계사 세무신고 가이드

2) 장부를 작성하여 신고하는 방법

당해 연도 이전에 입사한 보험설계사들 중에 장부를 작성하여 신고하는 보험설계사는 전년도 수입금액에 따라 간편장부대상자와 복식부기의무자로 구분된다. 또한 복식부기의무자는 전년도 수입금액에 따라 내부조정계산서 첨부 대상자와 외부조정계산서 첨부 대상자로 구분된다.

보험설계사는 다른 사업자와 다르게 간편장부대상자에 해당하는 경우, 보험회사 내에서 연말정산을 하더라도 무기장가산세가 부과되지 않는다. 그러나 간편장부대상자에 해당하는 보험설계사가 복식부기로 장부를 작성하여 신고하는 경우에는 기장세액공제를 적용받을 수 있는 혜택이 있다.

[관련예규] 소득, 서면인터넷방문상담1팀 – 1148, 2004.08.18.
제목 : 연말정산 사업소득금액의 종합소득 과세표준확정신고여부
요지 : 독립된 자격으로 보험가입자의 모집용역을 제공하고 그 실적에 따라 모집수당 등을 받는 거주자가 사업소득 연말정산을 한 경우에도 종합소득 과세표준확정신고를 할 수 있는 것임

회신 : 귀 질의의 경우 독립된 자격으로 보험가입자의 모집 및 이에 부수되는 용역을 제공하고 그 실적에 따라 모집수당 등을 받는 거주자가 소득세법 제144조의 2에 따라 사업소득 연말정산을 한 경우에도 소득세법 제70조 규정에 의한 종합소득 과세표준확정신고를 할 수 있는 것입니다. 따라서 사업소득 연말정산 결정세액이 종합소득 과세표준확정신고 결정세액을 초과하는 경우 납세지 관할세무서장은 그 초과세액을 환급하거나 다른 국세·가산금과 체납처분비에 충당하여야 하는 것입니다.

02 수입금액에 따른 장부를 작성해야 하는 의무와 적용되는 경비율의 판정

장부를 작성해야 하는 의무와 추계신고 시 적용되는 경비율의 판정은 글이나 말로서 보고 듣고 하면 생각보다 이해가 가지 않는 부분이 많이 있다.

이해가 가지 않을 때는 자신이 입사할 때부터 지금까지의 수입금액을 살펴보고 자신이 어떤 장부를 작성해야 하는지 혹은 과거 연말정산 시에 적용되었던 경비율이 무엇인지 물음표를 던지면서 천천히 읽어 나가면 보다 쉽게 이해할 수 있을 것이다.

이해를 돕기 위하여 당해 연도 입사자, 당해 연도 이전 입사자로 구분하였으나 법령상으로는 전년도 사업소득의 유무로 구분하고 있다, 즉 당해 연도 입사자는 전년도 사업소득이 없는 자에 해당하며, 당해 연도 이전 입사자는 전년도 사업소득이 있는 자에 해당한다. 따라서 당해 연도에 보험회사에 입사를 하였더라도 입사를 한 전년도에 다른 보험회사에서 수령한 사업소득이 있다면 당해 연도 이전 입사자에 해당한다고 보면 된다.

1) 당해 연도에 입사한 보험설계사

보험설계사는 당해 연도에 처음으로 입사를 하게 되면 당해 연도(입사연도)의 보험판매에 따른 수입금액에 상관없이 소규모 사업자에 해당하게 된다. 여기서 추가로 말하자면 보험설계사는 다른 사업자와 다르게 당해 연도에 처음으로 입사를 하거나 간편장부대상자에 해당하는 경우, 소규모사업자로 본다.

즉 신규로 입사한 보험설계사 자신이 소속된 보험회사 내에서 연말정산으로 입사연도의 다음 연도 5월에 있을 확정신고를 대신할 수 있다는 것이다.

여기서 소속된 보험회사 내에서 연말정산을 한다는 것은 추계로 신고를 하는 것인데 당해 연도 수입금액기준으로 7,500만 원 미만인 경우 단순경비율을 적용받고, 7,500만 원 이상인 경우 기준경비율을 적용받는다. 또한 연말정산으로 확정신고를 대신하더라도 무기장가산세 및 무신고가산세가 적용되지 않는다. 만약 7,500만 원 이상으로 기준경비율을 적용받으면 단순경비율을 적용받을 때보다 소득금액이 높아진다.

이런 경우 간편장부 또는 복식부기로 확정신고하는 경우 연말정산하는 경우보다 유리한 상황이 있을 수 있으므로 두 신

· 보험설계사 세무신고 가이드

고 방법을 서로 비교하여 선택적으로 하는 것이 좋다.

2) 당해 연도 이전에 입사한 보험설계사

당해 연도 이전에 입사한 보험설계사는 전년도의 수입금액이 존재하기 마련이다.

장부를 작성해야 하는 의무와 추계신고 시 적용되는 경비율의 판정은 모두 전년도 수입금액으로 판정하는데 장부를 작성하여 신고하는 방법과 추계로 신고 하는 방법 이 두 가지 신고 방법에 대하여 비교하며 살펴보자.

(1) 추계로 신고하는 방법

당해 연도 이전에 입사한 보험설계사는 전년도 수입금액이 2,400만 원 미만인 경우 단순경비율이 적용되고, 2,400만 원 이상인 경우 기준경비율이 적용된다. 다만, 간편장부대상자가 추계로 신고하는 경우는 2,400만 원 기준으로 경비율이 적용되는 것 외에는 신규 입사자와 동일하다.

수입금액

(−) 필요경비 = 수입금액 × 경비율

─────────────────────

(=) 소득금액

그러나 수입금액이 7,500만 원 이상인 복식부기의무자가 추계 신고하는 경우 무신고가산세와 무기장가산세 중 큰 금액이 부과되므로 반드시 복식부기로 장부를 작성하여 신고하여야 한다.

(2) 장부를 작성하여 신고하는 방법

장부를 작성하여 신고하는 방법은 연말정산, 즉 추계신고를 하지 않고 간편장부나 복식부기에 의한 장부를 작성하여 신고하는 것을 말한다.

수입금액

(−) 필요경비 = 실제 지출한 비용

─────────────────────

(=) 소득금액

기존 보험설계사의 경우 전년도 수입금액 7,500만 원 기준으로 간편장부대상자와 복식부기의무자를 판정한다.

전년도 수입금액이 7,500만 원 미만인 보험설계사는 간편장부대상자로 복식부기로 장부를 작성하여 신고하는 경우 기장세액공제를 적용받을 수 있다.

그러나 전년도 수입금액이 7,500만 원 이상인 기존 보험설계사는 복식부기로 장부를 작성하는 것이 의무이므로 기장세액공제는 적용하지 않고 복식부기에 의한 장부를 작성하지 않는 경우 무기장가산세가 부과된다.

3) 장부를 작성해야 하는 의무와 적용되는 경비율의 판정

장부를 작성해야 하는 의무와 적용되는 경비율을 이해하기 쉽게 설명하기 위해 당해 연도에 신규로 입사한 보험설계사와 당해 연도 이전에 입사한 보험설계사 이 둘로 구분하여 설명하였다. 자신의 입장에서 읽어본다면 어렵지 않게 이해할 수 있을 것이라 생각한다.

(1) 당해 연도에 입사한 보험설계사

장부 유형	간편장부대상자	
추계신고 유형	당해 연도 수입금액 7,500만 미만	단순경비율
	당해 연도 수입금액 7,500만 이상	기준경비율

① 당해 연도에 신규로 입사한 보험설계사는 당해 연도의 수입금액과 관계없이 소규모 사업자에 해당하므로 소속된 보험회사 내에서 연말정산하는 경우에 별다른 가산세 문제는 없다.

② 만약 당해 연도에 신규로 입사한 보험설계사가 복식부기로 작성한 장부를 제출하여 기장 신고하는 경우에는 기장세액공제를 적용받을 수 있다.

(2) 당해 연도 이전에 입사한 보험설계사

① 복식부기의무자에 해당하는 보험설계사가 연말정산 하는 경우에는 무신고가산세와 무기장가산세 중 큰 금액으로 가산세가 부과·징수된다.

② 복식부기의무자에 해당하는 보험설계사가 간편장부를 작성하여 신고하는 경우에는 무신고가산세가 부과 ·징수된다.

③ 복식부기의무자에 해당하는 보험설계사 중 외부조정계산서를 첨부해야 하는 대상자인 경우에 내부조정계산서를 첨부하는 경우에는 무신고가산세가 적용된다.

④ 간편장부대상자에 해당하는 보험설계사가 복식부기에 의한 장부를 제출하여 기장신고를 하는 경우에는 기장세액공제를 적용받을 수 있다.

⑤ 기준경비율을 적용받으면서 간편장부대상자에 해당하는 보험설계사가 소속된 보험회사 내에서 연말정산 하는 경우에는 무기장가산세를 적용하지 않는다.

장부 유형	전년도 수입금액 7,500만 미만	간편장부대상자		
	7,500만 이상	복식부기 의무자	전년도 수입금액 1.5억 원 미만	내부조정 계산서
			1.5억 원 이상	외부조정 계산서
추계신고 유형	전년도 수입금액 2,400만 미만	단순경비율		
	2,400만 이상	기준경비율		

03 사례를 통한 소득금액의 계산

이제는 본격적으로 자신의 소득금액을 계산하기 위한 연습을 해보자. 자신의 보험회사 등록연도와 수입금액을 고려하여 자신에게 적용될 수 있는 사례를 찾아서 소득금액을 계산하는 연습을 해보자.

1) 당해 연도에 신규로 입사한 보험설계사

(1) 소속된 보험회사 내에서 연말정산을 하는 경우

① 당해 연도 수입금액이 2,000만 원인 경우

- 구분 : 당해 연도 수입금액이 4,000만 원 이하 구간

- 장부유형 : 간편장부대상자

- 경비율 : 단순경비율 – 기본율 적용자

- 수입금액 : 20,000,000

- 필요경비 : 15,520,000*

* 20,000,000 × 77.6%

- 소득금액 : 4,480,000

  ⇨ 당해 연도 수입금액이 7,500만 원 미만 보험설계사는 단순경
  비율을 적용한다. 또한, 소속된 보험회사 내에서 연말정산을 하
  는 경우에도 별다른 가산세 문제가 발생하지 않는다.

② 당해 연도 수입금액이 7,000만 원인 경우

- 구분 : 당해 연도 수입금액이 4,000만 원 초과 7,500만 원 미만 구간

- 장부유형 : 간편장부대상자

- 경비율 : 단순경비율 – 초과율 적용자

- 수입금액 : 70,000,000

- 필요경비 : 51,620,000*

* 40,000,000 × 77.6% + (70,000,000 − 40,000,000) × 68.6%

- 소득금액 : 18,380,000

  ⇨ 당해 연도 수입금액이 7,500만 원 미만 보험설계사는 단순경
  비율을 적용한다. 또한, 소속된 보험회사 내에서 연말정산을 하
  는 경우에도 별다른 가산세 문제가 발생하지 않는다.

보험설계사 등의 인적용역제공사업자는 수입금액 4,000만 원까지는 기본율을 적용하고 4,000만 원 초과분은 초과율을 적용한다.

③ 당해 연도 수입금액이 1억 원인 경우

- 구분 : 당해 연도 수입금액이 7,500만 원 이상 구간
- 장부유형 : 간편장부대상자
- 경비율 : 기준경비율 적용자

- 수입금액 : 100,000,000
- 필요경비 : 38,900,000*
- * 100,000,000 × 38.9%
- 소득금액 : 61,100,000

  ⇨ 당해 연도 수입금액이 7,500만 원 이상인 보험설계사는 기준 경비율을 적용한다. 또한, 소속된 보험회사 내에서 연말정산을 하는 경우에도 별다른 가산세 문제가 발생하지 않는다.

· 보험설계사 세무신고 가이드

(2) 장부를 작성하여 신고하는 경우

당해 연도에 신규로 입사한 보험설계사가 장부를 작성하여 신고하는 경우에는 당해 연도 수입금액에 상관없이 간편장부 대상자에 해당한다. 따라서 선택적으로 간편장부를 작성하여 기장신고를 할 수 있다.

이 경우 소득금액의 계산은 간편장부에 계상한 필요경비를 수입금액에 차감하면 소득금액이 된다. 만약 복식부기로 작성하여 신고하는 경우에는 기장세액공제를 적용받을 수 있다.

2) 당해 연도 이전에 입사한 보험설계사

(1) 추계신고를 하는 경우

① 당해 연도 수입금액이 4,000만 원인 경우

- 구분 : 전년도 수입금액이 2,400만 원 미만인 경우

- 장부유형 : 간편장부대상자

- 경비율 : 단순경비율 − 기본율 적용자

- 수입금액 : 40,000,000

- 필요경비 : 31,040,000*

* 40,000,000 × 77.6%

- 소득금액 : 8,960,000

  ⇨ 전년도 수입금액이 2,400만 원 미만 보험설계사이므로 단순 경비율을 적용한다. 단, 보험설계사 등의 인적용역제공사업자는 4,000만 원까지는 기본율을 적용한다. 또한, 전년도 수입금액이 7,500만 원 미만이므로 간편장부대상자에 해당한다. 따라서 소속된 보험회사 내에서 연말정산을 하는 경우에도 별다른 가산세 문제가 발생하지 않는다.

② 당해 연도 수입금액이 7,000만 원인 경우

- 구분 : 전년도 수입금액이 2,400만 원 미만인 경우

- 장부유형 : 간편장부대상자

- 경비율 : 단순경비율 – 초과율 적용자

- 수입금액 : 70,000,000

- 필요경비 : 51,620,000*

* 40,000,000 × 77.6% + (70,000,000 − 40,000,000) × 68.6%

- 소득금액 : 18,380,000

  ⇨ 전년도 수입금액이 2,400만 원 미만 보험설계사이므로 단순
  경비율을 적용한다. 단, 보험설계사 등의 인적용역제공사업자는
  4,000만 원까지는 기본율을 적용하고, 4,000만 원 초과분은 초
  과율을 적용한다. 또한, 전년도 수입금액이 7,500만 원 미만이므
  로 간편장부대상자에 해당한다. 따라서 소속된 보험회사 내에서 연
  말정산을 하는 경우에도 별다른 가산세 문제가 발생하지 않는다.

③ 당해 연도 수입금액이 1억 원인 경우

- 구분 : 전년도 수입금액이 2,400만 원 이상 7,500만 원 미만인 경우

- 장부유형 : 간편장부대상자

- 경비율 : 기준경비율 적용자

- 수입금액 : 100,000,000

- 필요경비 : 38,900,000*

＊ 100,000,000 × 38.9%

- 소득금액 : 61,100,000

  ⇨ 전년도 수입금액이 2,400만 원 이상 보험설계사이므로 기준
  경비율을 적용한다. 또한 전년도 수입금액이 7,500만 원 미만이
  므로 간편장부대상자에 해당한다. 따라서 소속된 보험회사 내에

서 연말정산을 하는 경우에도 별다른 가산세 문제가 발생하지 않는다. 그러나 당해 연도 수입금액이 상당하기 때문에 복식부기로 장부를 작성하여 신고하는 경우 기장세액공제 적용 등 연말정산 하는 경우보다 세부담 절감에 도움이 된다.

④ 당해 연도 수입금액이 1억 원인 경우

- 구분 : 전년도 수입금액이 7,500만 원 이상인 경우

- 장부유형 : 복식부기의무자

- 경비율 : 기준경비율 × 50% 적용자

- 수입금액 : 100,000,000

- 필요경비 : 19,450,000*

* 100,000,000 × 38.9% × 50%

- 소득금액 : 80,550,000

  ⇨ 전년도 수입금액이 2,400만 원 이상 보험설계사이므로 기준경비율을 적용한다. 또한 전년도 수입금액이 7,500만 원 이상 보험설계사이므로 복식부기의무자에 해당하여 기준경비율의 50%를 적용한다.

따라서 전년도 수입금액이 7,500만 원 이상인 복식부기의무자에 해당함에도 불구하고 소속된 보험회사 내에서 연말정산하는 경우에는 무신고가산세와 무기장가산세 중 큰 금액이 부과된다.

(2) 장부를 작성하여 신고하는 경우

전년도 수입금액이 7,500만 원 미만 보험설계사는 간편장부대상자에 해당하므로 연말정산 또는 장부를 작성하여 신고하는 방법 중 선택하여 신고할 수 있다. 다만 복식부기로 작성한 장부에 의하여 신고하는 경우 기장세액공제를 적용받을 수 있다.

반대로 전년도 수입금액이 7,500만 원 이상인 경우에는 반드시 복식부기에 의한 장부를 제출하여 신고하여야 한다.

만약 복식부기로 장부를 작성하지 않는 경우에는 무기장가산세가 부과되며, 전년도 수입금액이 1억5천만 원 이상인 경우는 반드시 세무사에게 외부조정을 맡겨야 한다. 스스로 작성한 내부조정계산서를 첨부하여 제출하는 경우에는 무신고로 보아 무신고 가산세가 부과된다.

[관련 예규] 소득, 서면인터넷방문상담1팀-397, 2006.03.27.

제목 : 세무사가 작성한 조정계산서 첨부대상 사업자의 가산세 적용여부

요지 : 세무사가 작성한 조정계산서 첨부대상 사업자가 이를 첨부하지 아니한 때에는 그 신고를 하지 아니한 것으로 보아 신고불성실가산세를 적용함

회신 : 귀 질의의 경우 소득세법 제70조 제4항 및 같은 법 시행령 제131조 제1항의 규정에 의하여 세무사가 작성한 조정계산서를 첨부하여 과세표준 확정신고를 하여야 하는 사업자가 세무사가 작성한 조정계산서를 첨부하지 아니한 때에는 같은 법 제81조 제2항의 규정에 의하여 그 신고를 하지 아니한 것으로 보아 신고불성실가산세를 적용하는 것입니다.

04 납부세액의 계산

연말정산 또는 기장신고를 통하여 소득금액을 계산하게 되면 납부세액은 다음과 같은 절차에 따라 계산되어 진다. 그러나 납부세액 계산에 관한 내용은 이미 소속된 보험회사로부터 교육을 많이 받았으리라 판단이 되므로 개념적인 내용을 복습하는 차원에서만 살펴보자.

1) 납부세액 계산의 흐름도

- 소득금액
- (−) 종합소득공제
- = 과세표준
- × 세율
- = 산출세액

- (−) 세액공제
- (−) 기납부세액
- (+) 가산세
- = 납부세액 또는 환급세액

실제 납부세액 또는 환급세액이 발생하는 경우 그 금액에 지방소득세까지 가산된 금액을 납부하거나 환급받을 수 있다.

2) 각 항목별 세부내용

(1) 소득금액

소득금액은 앞에서 설명한 내용에 해당한다. 즉 수입금액에서 필요경비를 차감한 금액이 소득금액이 되는 것이다. 본 서 또는 세법에서 수입금액과 소득금액을 분명히 구분하여 사용하고 있으므로 단어를 잘 구분하여 사용하고 이해하여야 한다.

(2) 종합소득공제

보험설계사는 사업소득자에 해당하므로 소득세법에 따른

종합소득공제를 적용받을 수 있다. 구체적인 내용을 간략히 살펴보면 다음과 같다.

인적공제는 기본공제와 추가공제로 구분하여 소득공제 받을 수 있다. 기본공제는 본인공제, 배우자공제, 부양가족공제로 구분이 되는데 소득공제를 적용하기 위해서 나이요건과 소득금액요건을 갖추어야 한다.

나이요건(배우자 및 장애인은 제외)은 위로는 60세 이상, 아래로는 20세 이하에 해당하여야 하고 소득금액 요건은 종합소득금액, 퇴직소득금액, 양도소득금액의 각 합계액이 100만 원 이하여야 한다. 다만 근로소득자의 경우 다른 소득이 없고 근로소득만 발생하는 경우에는 총급여 기준으로 500만 원 이하인 경우, 기본공제대상자로 등재하여 인적공제를 받을 수 있다.

참고로 여기서 말하는 총급여는 회사에서 지급하는 급여 중 소득세가 과세되는 급여를 의미하고 일정한 중식대 등의 비과세 급여는 포함하지 않는다. 또한 총급여에서 근로소득공제액을 차감하게 되면 그 금액을 근로소득금액이라 말한다.

추가공제는 경로우대공제(100만 원), 장애인 공제(200만 원), 부녀자공제(50만 원), 한부모공제(100만 원)로 구분이 된다. 추가공제는 기본공제 대상자에 해당하는 자 중에서 추가적인 요건을 갖춘 경우에 소득공제를 받을 수 있다.

요건을 살펴보자면 경로우대공제는 70세 이상인 경우, 장애인 공제는 세법상 장애인에 해당하는 경우, 부녀자공제는 여성 중에서 배우자가 있거나 배우자가 없는 자로서 부양가족이 있는 경우에 종합소득금액이 3,000만 원 이하인 경우, 한부모공제는 배우자가 없는 사람으로서 직계비속이나 입양자가 있는 경우에 소득공제를 받을 수 있다.

[관련 유권해석] 서면1팀-1499, 2005.12.8.

제목 : 만성신장증후군 환자가 세법상 장애인에 해당하는지 여부

요지 : 항시 치료를 요하는 중증환자라 함은 의사 등으로부터 장애인증명서를 교부받아 제출함으로써 그 입증을 하는 것임

회신 : 소득세법 시행령 제107조 제1항 제4호에 규정한 항싱 치료를 요하는 중증환자라 함은 지병에 의해 평상시 치료를 요하고 취학·취업이 곤란한 상태에 있는 자를 말하는 것이며, 의사 등으로부터 장애인증명서를 교부받아 제출함으로써 그 입증을 하는 것입니다.

· 보험설계사 세무신고 가이드

연금보험료 공제는 국민연금법에 따라 보험설계사가 국민연금보험료를 납부하는 경우에는 납입한 국민연금보험료 전액에 대하여 소득공제를 받을 수 있다.

주택담보 노후연금 이자비용 공제는 보험설계사가 거주하고 있는 주택을 담보로 금융기관으로부터 노후연금을 수령하게 되면 그 지급된 연금에 대한 이자상당액을 수령하는 연금소득범위 내에서 200만 원을 한도로 소득공제를 받을 수 있다.

그 밖의 소득공제로는 소기업·소상공인 공제와 중소기업창업투자조합 출자 등에 대한 소득공제가 있다.

소기업·소상공인 공제는 보험설계사가 노란우산공제라고 불리는 소기업·소상공인공제에 가입하여 납입하는 금액에 대하여 소득공제를 적용받을 수 있다.

2016년도에 납입하는 금액에 대해서는 300만 원 한도로 소득공제가 가능하며, 2017년부터 납입하는 금액에 대해서는 수입금액에서 필요경비를 차감한 소득금액 기준으로 4,000만 원 이하의 경우 소득공제한도가 500만 원으로 상향조정 되었으며, 4,000만 원 초과 1억 원 이하인 경우 기존대로 300만 원이 유지되고, 1억 원를 초과하는 경우에는 200만 원으로 축소되었다.

중소기업창업투자조합 출자 등에 대한 소득공제는 보험설계사가 중소기업창업투자조합, 개인투자조합, 벤처기업증권투자신탁에 투자 또는 출자, 유상증자에 참여하는 경우 투자금액에 대하여 10%~100% 범위에서 소득공제가 가능하다. 다만 투자일로부터 3년 이내에 출자지분을 이전하거나 회수하는 경우에는 감면받은 세액에 대하여 추징될 수 있다.

3) 과세표준

과세표준은 사업소득금액에서 종합소득공제 합계액을 차감하여 계산한 금액을 의미한다. 이러한 과세표준은 초과누진세율 중 해당 구간에 따른 세율을 적용할 때 반영된다.

4) 세율

세율은 앞에서 계산한 과세표준 구간에 따라 세율을 적용한다. 2010년도부터 적용되는 세율을 과세표준 구간에 따라 나열하면 다음과 같다.

구분	1,200만 이하	1,200만 ~ 4,600만	4,600만 ~ 8,800만	8,800 ~ 1.5억	1.5 ~ 3억	3억 ~ 5억	5억 초과
2010 ~ 2011	6%	15% - 108만	24% - 522만	35% - 1,490만			
2012 ~ 2013				35% - 1,490만		38% - 2,390만	
2014 ~ 2016				38% - 1,940만			
2017				35% - 1,490만	38% - 1,940만		40% - 2,940만
2018년 이후					38% - 1,940만	40% - 2,540만	42% - 3,540만

5) 산출세액

산출세액은 계산된 과세표준에 각 구간에 해당하는 세율을 곱하고 누진공제액을 차감하면 계산되어 진다.

6) 세액공제

① 자녀세액공제

기본공제대상자에 해당하는 자녀(입양자, 위탁아동 포함)에 대하여 자녀 2명까지는 1명당 15만 원에 해당하는 금액을 세액공제 받을 수 있으며, 자녀가 3명인 경우에는 2명 초과 1명당 30만 원에 해당하는 금액을 세액공제 받을 수 있다.

- 1명인 경우 15만 원
- 2명인 경우 15만 원 × 2명 = 30만 원
- 3명인 경우 15만 원 × 2명 + 30만 원 × 1명 = 60만 원
- 5명인 경우 15만 원 × 2명 + 30만 원 × 3명 = 120만 원

• 보험설계사 세무신고 가이드

해당연도에 출산이나 입양이 있는 경우 1명당 30만 원을 세액공제 받을 수 있다. 2017년부터는 출산하거나 입양하는 자녀가 첫째인 경우 30만 원, 둘째는 50만 원, 셋째는 70만 원을 세액공제 받을 수 있는 것으로 세법이 개정되었다.

② 기장세액공제

간편장부대상자에 해당하는 보험설계사가 복식부기에 의한 장부를 작성하여 기장신고하는 경우에는 산출세액의 20%에 해당하는 금액을 세액공제 받을 수 있다. 단, 기장세액공제는 100만 원 한도 내에서 세액공제 받을 수 있다.

만약 다른 소득이 함께 있는 경우에는 종합소득금액에서 보험설계사의 사업소득에 해당하는 금액의 비율만큼 세액공제가 가능하다.

③ 특별세액공제

보험설계사는 보장성보험료, 의료비공제, 교육비공제 등을 제외하고 표준세액공제 7만 원을 적용하여 세액공제 받을 수 있다. 보험설계사는 사업소득자이므로 원칙적으로는 해당연도에 지출한 기부금 금액에 대하여 필요경비에 산입하여야 한다. 그러나 연말정산으로 신고를 대신하는 보험설계사의 경우에는 추계신고 시 기부금 세액공제를 적용받을 수 있다.

④ 연금저축공제

보험설계사가 노후를 위하여 연금저축상품에 가입을 한 경우 노후생활 보장을 위하여 세법에서는 연금저축상품에 납입한 보험료의 일정액을 세액공제 받을 수 있도록 혜택을 부여하고 있다. 구체적인 연금저축공제의 세액공제 내용은 다음과 같다.

2017년부터 납입금액
① 소득금액이 4,000만 원 이하의 경우 연금저축보험료는 400만 원 한도로 IRP계좌와 합산하여 총 한도 700만 원을 적용하여 15%를 금액을 세액공제
② 소득금액이 4,000만 원 초과 1억 원 이하의 경우 연금저축보험료는 400만 원 한도로 IRP계좌와 합산하여 총 한도 700만 원을 적용하여 12% 금액을 세액공제
③ 소득금액이 1억 원 초과하는 경우 연금저축보험료는 300만 원 한도로 IRP계좌와 합산하여 총 한도 700만 원을 적용하여 12% 금액을 세액공제

2017년부터 납입하는 연금보험료의 연금저축공제 내용을 이해하기 쉽게 다시 정리한다면 다음과 같다.

(단위 : 원)

종합소득금액	연금저축	+ IRP	= 총 한도	세액공제율
4,000만 이하	400만	700만	700만	15%
4,000만 ~ 1억				12%
1억 초과	300만			

⑤ 정치자금세액공제

보험설계사가 정치적으로 지지하는 정당, 후원회 또는 선거관리위원회에 기부한 정치자금은 기부한 금액 중 10만 원까지는 10만 원×(100/110)=90,909원을 세액공제 받을 수 있으며, 10만 원 초과분에 대해서는 일반적인 기부금으로 보아 필요경비에 산입하거나 연말정산 시 기부금세액공제를 적용받을 수 있다.

7) 기납부세액

기납부세액은 소속된 보험회사로부터 매월 판매수수료를 지급 받을 때 수입금액의 3%에 대하여 원천징수한 금액을 의미한다.

실제는 3.3%로 원천징수가 이루어지는데 이는 소득세 계산 시는 0.3%인 지방소득세는 고려하지 않고 계산하기 때문에 3%로 원천징수한 금액이 기납부세액이 된다. 이 금액을 산출세액에서 차감하여 납부세액을 계산하게 되는 것이다.

8) 가산세

가산세의 자세한 내용은 Chapter4에서 상세히 설명하였다. 가산세의 구체적인 내용은 Chapter4를 참조하기 바란다.

9) 납부세액 또는 환급세액

납부세액 또는 환급세액은 산출세액에서 해당하는 세액공제 합계액, 기납부세액을 차감하고 가산세를 더한 금액이다. 이렇게 계산한 금액이 (+)이면 납부해야 하는 세액이 되는 것이고, (−)이면 환급받아야 하는 세액이 되는 것이다.

05 신고 납부 방법

보험설계사는 추계신고로 연말정산을 하든지, 장부를 작성하여 기장신고를 하든지 앞에서 설명한 대로 소득금액 계산부터 납부세액 또는 환급세액까지 동일한 절차에 따라 계산이 된다. 따라서 납부세액이 발생하면 납부를 해야 하는 것이고, 환급세액이 발생하는 경우에는 환급을 받아야 한다.

1) 소속된 보험회사 내에서 연말정산을 하는 경우

보험설계사가 2월에 연말정산을 통하여 신고하는 경우에는 소속된 보험회사 내에서 정산을 하여 납부세액은 월 급여에서 차감하고 지급 받으며, 환급세액이 발생하는 경우에는 월 급여에 가산하여 지급하기 때문에 별도로 납세고지서를 발급받아 납부해야 하는 경우는 발생하지 않는다.

2) 장부를 작성하여 신고하는 경우

보험설계사가 세무사 사무실을 통하여 기장신고를 하는 경우 5월 1일부터 31일까지 신고하고 납부를 하여야 한다. 통상 납부세액이 발생하는 경우 세무사 사무실에서 납세고지서를 발급하여 주기 때문에 해당 납세고지서에 기재된 납부기한 (5월 31일)까지 납부를 하면 당해 연도의 소득세 납세의무는 종결된다.

3) 납부방법

보험설계사는 통상 판매수수료가 높기 때문에 겉으로 보기에는 고소득 사업자로 보일 수가 있다. 하지만 세법에서 규정하는 법률의 내용에 따라 과세가 이루어져야 하는 것이므로 적정한 필요경비를 계상하더라도 납부에 대한 부담을 다소 느낄 수 있다.

원칙적으로는 신고를 하면서 일시에 납부를 해야 하는 것인데 일시에 납부를 해야 하는 경우에는 납부해야 하는 세액에 따라 부담이 될 수 있을 것이다.

이 경우 활용할 수 있는 제도가 분할 납부이다. 만약 납부세액이 1,000만 원을 초과하는 경우 2개월 이내에서 분할납부가 가능하다. 단, 납부세액 1,000만 원의 기준은 소득세 자체를 의미하는 것이므로 가산세 등은 포함하지 않는다. 또한 세무서에 직접 방문하여 신용카드로 결제하여 납부가 가능한데, 신용카드로 결제하였다고 하더라도 소득세 납부액은 필요경비로 인정되지 않는다는 것을 유의하자(신용카드 결제 시 납부대행수수료 0.8% 발생).

[소득세법 집행기준 77-140-1]
① 소득세 분할납부는 중간예납세액, 토지 등 매매차익예정신고 자진납부세액, 확정신고 자진납부세액이 각각 1천만 원을 초과하는 경우 적용된다.
② 소득세법 시행령 제134조에 따른 추가신고자진납부세액, 수정신고납부세액, 가산세, 조세특례제한법상 감면세액 추징에 따른 이자상당액은 분할납부대상이 되지 않는다.
③ 분할납부 시 신고기한내에 납부할 세액을 납부하지 아니하거나 일부만을 납부한 경우에도 납부기한이 도래하지 아니한 분할납부세액에 대해서는 가산세를 적용하지 않는다.

· 보험설계사 세무신고 가이드

4) 지방소득세

소득세는 국세와 지방소득세로 구분한다. 앞에서 언급한 내용은 소득세 그 자체인 국세를 기준으로 설명을 한 것이고 실제 납부할 때는 지방소득세를 가산하여 납부하여야 한다. 지방소득세는 통상 소득세 납부세액의 10%를 가산하여 계산한다.

5) 수정신고

수정신고는 과세표준 및 세액을 과소하게 신고하는 경우에 다시 올바르게 신고하는 것을 의미한다. 또한 수정신고는 과세관청에서 과세해명 통지에 따라 과세자료를 소명 후에 후속조치로서 수정신고하는 비자발적 수정신고가 있으며, 자신이 신고를 잘못했다는 것을 인지하고 스스로 자발적으로 수정신고 하는 경우가 있다.

수정신고는 과소 신고에 해당하기 때문에 세법 규정에 따른 신고관련 가산세가 부과된다. 반면에 세법에서 정하고 있는 일정 기간 안에 수정신고를 하는 경우 가산세를 감면 조치하는 규정이 있다. 이는 과세해명 등의 조치에 따른 비자발적 수정신고는 감면을 적용하지 않으며 자발적 수정신고는 일정 기간 내의 구분에 따른 가산세 감면이 있다.

6) 기한후신고

기한후신고는 과세표준 및 세액을 신고기한이 경과한 후에 자발적으로 소득세신고를 하는 경우를 말한다.

기한후신고도 수정신고처럼 세법에서 정하는 일정기간 내에 자진해서 신고를 하게 되면 가산세 감면 조치를 받을 수 있다. 그러나 과세표준 및 세액을 신고기한이 경과한 후에도 신고를 하지 않으면 과세관청에서 스스로 결정해서 납세고지서를 보내는데 그 경우에는 가산세 감면 혜택을 받을 수 없다. 따라서 세법에서 정하는 일정 기간 내에 자진해서 서둘러 기한후 신고를 하는 것이 절세의 수단이 될 수 있다고 생각한다.

Chapter 03

세무업무위탁이
절세의 지름길이다

세무업무위탁이란 일반적으로 다른 사업자들처럼 세무사 사무실에 장부기장을 위탁하는 것을 말한다.

현재의 모 세무사 사태가 발생하기 전에는 으레 1년에 한 번 신고하고 저렴한 신고대행 수수료를 지급하는 방법으로 신고를 하여 온 것이 현재까지의 관행이다.

하지만 1년에 한 번 있는 소득세신고를 신고 대행하는 방법은 보험설계사뿐만 아니라 업무를 위임받는 세무사도 좋지 않은 결과를 가져오는 경우도 있다.

이 경우 세무사 사무실에 월 수수료를 지급하고 세무업무를 포괄적으로 위임하는 것이 보험설계사와 수임하는 세무사 둘 다 좋다. Chapter3에서는 세무업무위탁에 관하여 알아보자.

01 신고대행 시의 현 상황

1) 싼 게 비지떡

옛말에 싼 게 비지떡이라는 말이 있다. 이는 일반적인 경제적 거래 현상에 통상적으로 적용되는 말인 것 같다.

보험설계사 측면에서는 지급되는 비용이기 때문에 최대한 저렴하게 지급하기를 원하고, 세무사 사무실 측면에서는 단가 책정의 문제 등에 따라 최저한의 수수료 이상을 청구하려고 할 것이다.

시장에서 형성되는 가격은 어느 정도의 객관적인 기준이 있다. 무형의 서비스를 제공하는 세무 서비스도 마찬가지다. 따라서 서비스를 제공하는 입장에서는 저렴한 수수료에는 저렴한 서비스를, 정상적인 수수료에는 정상적인 서비스를 제공할 수밖에 없는 것이다.

이 부분은 모든 사업을 하는 사업자들은 이해한다. 보험설계사도 마찬가지 아닌가.

형식은 다르겠지만 어떤 고객은 보험설계사가 단순하게 보험상품 판매하는데 회사로부터 받는 수수료가 왜 이리 비싸냐고 주장하면서 지급받는 판매수수료가 비싸니깐 고객이 납부해야 하는 보험료도 높은 것이 아니냐고 주장한다고 생각해 보라. 그 이치와 동일하다.

보험설계사도 무형의 서비스를 제공하는 사업자이다. 고객에게 질 좋은 보험설계 서비스가 보이지 않으니 고객은 당연히 그렇게 생각할 수 있다.

하지만 보험설계사분들은 알 것이다. 질 좋은 설계를 위하여 여러 가지 상품을 비교하고 의뢰한 고객이 원하는 재무목적 달성을 위해서 최소의 보험료로 최대의 효과를 보기 위한 상품을 선택하고 납입방법, 납입기간, 보험기간, 보험관계자의 설정, 보험유지기간 동안의 보험상품의 운용 등 양질의 서비스를 제공하기 위해 많은 노력을 한다. 세무사 사무실도 같은 이치다.

2) 비용이 저렴할수록 장부의 완성도와 세무서비스는 저렴해진다

이렇게 수수료가 낮게 책정이 되면 투입되는 원가가 적으므로 당연히 장부의 완성도 측면과 제공되는 세무서비스의 질도 떨어지기 마련이다.

보험설계사분들도 고액보험료 보험계약을 체결하는 고객에게 WM과 동행하여 수준 높은 상담을 진행하고, 보험상품과 연계하여 각종 상속, 절세 플랜를 제시한다. 거기서 끝나는 것이 아니라 고객 유지 관리를 위하여 방문하는 횟수도 저가 보험상품에 가입한 고객들과 다르게 그 빈도 또한 높다. 방문 횟수가 많다는 것은 고객에게 계속 관심을 주는 것도 있지만, 방문 때마다 제공하는 판촉물 수준도 다르다.

보험계약을 체결할 때도 경제논리가 성립하는데 세무사 사무실도 별반 차이가 없다. 정상적인 대가를 지불하는 사업자에게 한 번이라도 장부 작성시 틀린 점이 없는지 꼼꼼히 확인하고, 지금처럼 신고가 들어가는 게 적정한 것인지 또는 분기 또는 반기마다 미팅을 가지고 납부해야 되는 세액을 낮추기 위하여 방법을 강구하는 등 제공되는 서비스 또한 저렴한 수수료를 지급하는 사업자보다 관심을 더 가지고 관리하게 된다.

3) 낮은 세무업무 서비스만큼 신고의 안정성과 절세효과는 적어진다

저렴한 수수료로 저렴한 세무업무 서비스를 받게 되면 그 사업자들한테 제공되는 절세혜택에 대한 내용이 달라질 수 있다. 그렇다고 달리 취급해서 서비스를 제공하는 것이 아니라 경비 또는 소득공제를 받는 측면에서도 다를 수 있다.

보험설계사 개개인마다 적용되는 경비나 소득공제 항목이 조금씩 다르다. 가령 보험설계사 신분을 가진 매니저와 보험 상품 판매를 전담으로 하는 일반 보험설계사와는 필요경비에 들어가는 항목이 다소 다르다. 또는 종합소득공제 시에 맞벌이 부부의 경우 부양가족을 부부 중 누구의 기본공제대상자로 등재하는 것에 따라 절세할 수 있는 부분이 있다. 이런 경우 정확한 판단을 하기 위해 비교 시뮬레이션을 해봐야 안다.

그러나 저렴한 수수료만을 고집하는 보험설계사들에게는 계속 수임을 할 수 있도록 친절한 모습만 보이고 실제 이런 내용에 대해서는 적극적으로 파고들어 자문을 구하기에는 세무사 사무실이 바쁘기도 하고 정상적인 수수료를 지급하는 보험설계사에게 한 번 더 관심이 간다.

따라서 세무사 사무실에 지급하는 수수료는 너무 낮게, 혹은 너무 높게 지급하는 것보다 정상적인 수수료를 지급 받고 정상적으로 세무 서비스를 받도록 하자.

02 세무업무위탁 시의 장점

1) 세무업무를 위탁하면 장부의 완성도가 증가한다

　금번 모세무사 사태로 인하여 조금씩 월 기장에 대하여 인식이 전환되고 있는 것 같다.

　과세해명에 대한 여러 건의 상담 중에 세무업무 위탁에 대해서 상담을 하고 있고 상담받은 대다수의 보험설계사가 이제는 정상적인 수수료를 지급하고 다시는 금번 사태에 같은 일에 휘말리지 않도록 기장을 하고 싶어 했다.

　월 기장 수수료를 지불하고 세무업무를 위탁하면 일정 기간별로 지출·사용한 비용에 대하여 객관적인 증빙 과정을 거쳐 미리 장부를 작성할 수 있다.

　보험설계사의 경우 수입금액은 해당 보험회사에서 보험판매

수수료를 지급할 때 이미 원천징수 신고가 들어가므로 수입금액 산정에 대한 다툼은 극히 적다.

따라서 대부분 필요경비 산정에 대한 문제가 발생한다. 세무업무를 위탁하게 되면 완전한 필요경비 사용에 대한 증빙은 할 수 없으나 신고대행 시의 업무처리보다 객관적으로 확인되고 증빙을 갖추므로 소득세신고의 안전성이 높아진다.

(완전하지 않은 이유 : 경비를 지출하고 관련 법정증빙서류를 세무사 사무실에 제출하는 경우 수임받은 세무사 사무실에서는 그 경비를 해당 사업에 사용하였는지 개인적으로 사용하였는지 오로지 경비자료를 제출한 보험설계사의 말만 믿고 업무를 처리하기 때문이다. 하지만 부분적으로 이런 정도는 개인적으로 사용하였겠구나 하는 사항이 있다. 이런 경우 확인하고 사업경비가 아닌 경우 자체적으로 삭제하여 장부의 완성도를 높인다)

2) 지출하는 비용 대비해서 효익이 크다

월 기장을 위임하는 경우 제공되는 세무서비스가 신고대행 시 보다는 질적으로 다르다. 그런데 신고대행 수수료와 월 기장 수수료의 연 합계액이 아주 큰 차이가 있는 것이 아니다.

고작 몇십만 원의 차이다. 만약 몇백만 원의 수수료 차이가 발생한다면 고민을 해볼 필요성이 있겠지만, 그 차이는 100만 원 이내에서 차이가 난다.

하지만 그 결과는 신고대행하는 경우와 비교하여 제공되는 서비스가 질적으로 달라 절세혜택에 도움이 많이 된다. 또한 가공경비가 들어가지 않아 지금처럼 필요경비에 대한 과세해명이나 세무조사 준비과정에서도 평소에 자료 정리가 잘 되어 있으니 소명하는 것도 신속하고 협의가 잘 되어서 좋다.

물론 평소의 자료 정리는 담당 세무사와 업무를 위임한 보험설계사가 자료 정리에 대한 협업에 달려 있다.

아무리 유능한 세무사라 할지라도 보험설계사가 자료제출에 대하여 계속 시일을 미루거나 과세기간을 경과하여 제출하고 허위 경비를 가져와서 경비로 입력을 요구하는 등의 일이 있으면 기장하는 효과가 반감될 것이다.

따라서 실제 필요경비를 기준으로 적정한 장부를 작성하고 분기 또는 반기마다 결산해서 절세를 위한 계획을 세우고 조언을 받을 필요가 있다. 그래야 그 계획에 따라 경비가 많은 경우 추후 사용 경비에 대하여 다음연도로 이월할 수도 있고 경비가 부족한 경우 다음연도에 사용해야 할 것은 금번연도로 당겨서 사용할 수 있다. 그래야 적정한 소득률이 형성되고 안정적인 세무신고가 이루어질 수 있는 것이다.

안정적인 세무신고가 들어가면 과세해명이나 세무조사 선정에 있어 다소 안정적일 수 있는 것이다.

3) 보험영업 상담 시에 도움을 받을 수 있다

마지막으로 적정한 수수료를 지급하면서 월 기장을 위탁할 경우 좋은 점은 보험영업 상담 시에 필요한 경우 세무자문을 받을 수 있는 것이다. 저자도 보험회사 출신으로 지점장, WM, 교육팀 등을 거치면서 매번 헷갈렸던 것이 세무문제였다. 다행히 자문 세무사가 있어서 보험설계사 상담 시와 교육 시에 도움을 많이 받을 수 있어서 업무를 원활하게 처리한 기억이 난다.

이러한 경험을 거치면서 평소에 편하게 세무 자문을 얻을 수 있는 세무사 한 명을 알고 있으면 천군만마를 얻은 것처럼 힘이 날 것이다. 그러나 1년에 한 번 신고대행 할 때만 만나는 보험설계사인 경우 세무사 입장에서는 몇만 원짜리 저렴한 보험상품을 가입한 고객으로밖에 보이지 않을 것이다.

월 기장 수수료를 지급하면서 협업이 잘되는 보험설계사는 세무사의 눈에 어떻게 보일까. 이 책을 읽고 있는 여러분들이 더 잘 알 것이다. 따라서 지급하는 수수료에 대하여 걱정하지 않는 것이 좋다. 그 수수료는 완성도 높은 장부 작성과 평소에 제공되는 세무서비스를 통하여 충분한 보상을 받을 수 있다.

・ 보험설계사 세무신고 가이드

Chapter 04

알아 두면 도움이 되는
세법 상식 ✔

앞장에서 설명한 것 외에도 추가하여 알아 두면 도움이 되는 세법상 제도에 대해서 알아보자. 이번 장에서 설명하는 내용은 이러한 세법상 제도가 있다는 것을 알고 있는 것만으로도 힘이 되고 도움이 될 것이다.

구체적인 내용으로 각종 가산세 부과 문제, 과세해명 요구 시의 수정신고 문제, 다른 회사로 이직한 경우의 확정신고, 마지막으로 성실신고확인제도가 있다. 그럼 하나씩 살펴보도록 하자.

01 가산세

　가산세는 세법에서 규정하는 의무의 성실한 이행을 확보하기 위하여 세법에 따라 산출한 세액에 가산하여 징수하는 금액을 말한다. 이는 세법이 규정하고 있는 각종 의무의 불이행에 가해지는 행정벌적 성격으로 부과하는 패널티에 해당한다.

　가산세는 그 처분이 상당히 엄격하고 부과되는 경우 납부에 대한 부담이 무겁다.

　가산세는 가산세를 부과할 수 있는 과세요건만 충족하면 조세의 부과절차에 따라 부과하고 징수한다. 하지만 보험설계사가 세법에서 규정하는 의무를 이행하지 않는 데에 있어 정당한 사유가 있는 경우에는 가산세를 부과하지 않는 경우가 있다(세법의 무지는 정당한 사유에 해당하지 않는다).

[대법원판례 93누 6744]

가산세에 대해 의무불이행이 발생하면 본세의 납세의무와 함께 성립되는 것이며, 납세자의 고의·과실은 고려되지 않는다., 다만, 납세의무자가 그 의무의 이행을 당사자에게 기대하는 것이 무리라고 하는 사정이 있을 때 등 그 의무불이행을 탓할 수 없는 정당한 사유가 있는 경우에는 이를 부과할 수 없다.

이처럼 가산세는 부과할 수 있는 과세요건만 충족하면 그 절차에 따라 부과되기 때문에 가산세에 대한 내용을 어느 정도 숙지하여 가산세를 부과받지 않는 것이 좋을 것 같다. 따라서 가산세를 부과받지 않기 위해 부단히 노력하는 것 자체가 절세 행위를 하는 것과 같은 것이다.

본 장에서는 가산세와 관련하여 국세기본법상에서 규정하는 신고, 납부와 관련된 가산세와 소득세법상에서 규정하는 여러 가산세 규정에 대해서 알아보고자 한다.

• 보험설계사 세무신고 가이드

1) 국세기본법상 가산세

(1) 신고관련 가산세

신고관련 가산세는 신고 자체를 하지 않은 경우에 부과되는 무신고가산세와 과소신고하거나 초과하여 환급받은 경우에 부과되는 과소신고(초과환급신고) 가산세가 있다.

무신고가산세의 경우 부정행위는 40%, 일반적인 경우는 20%를 무신고 납부세액에 적용하여 계산한다.

과소신고 가산세는 과소신고된 납부세액에 부정행위는 40%, 일반적인 경우는 10%를 적용하여 계산한다. 다만 자진하여 신고납부하는 경우에 아래의 표와 같은 가산세 감면 혜택이 있다.

구분	1개월 이내	6개월 이내	1년 이내	2년 이내
무신고 가산세	50%	20%	–	
과소신고 가산세	50%		20%	10%

(2) 납부 관련 가산세

납부·환급불성실 가산세는 납부기한까지 납부를 하지 않거나 과소납부 또는 초과환급받는 경우에 부과되는 가산세이다.

가산세의 계산은 미납부, 과소납부세액 또는 초과환급받은 세액에 해당 일수와 10,000분의 3을 곱하여 계산한다.

일반적인 국세부과제척기간을 5년이라고 생각할 경우 납부·환급불성실 가산세는 최대 5년 동안 연 10.95%의 이율이 적용된다. 따라서 미납부 기간이 길수록 가산세 납부에 대한 부담이 크다.

2) 소득세법상 가산세

소득세법에서 규정하는 가산세는 여러 가지 종류가 있다. 본 서에서는 보험설계사에게 적용이 될 수 있는 주요 가산세 항목에 대해서만 알아보고자 한다.

(1) 증빙불비 가산세

보험설계사가 경비를 지출하는 가운데 건당 3만 원을 초과하는 금액에 대하여 신용카드매출전표 또는 현금영수증을 받지 않고 경비로 인정받으려 하는 경우 그 금액의 2%에 대하여 증빙불비 가산세를 적용한다.

즉 영업 활동을 위해 지점에 방문하는 판촉물 판매상에게 현금을 지출하고 간이영수증을 받는 경우가 여기에 해당한다. 따라서 적법한 경비로 인정받고 가산세의 부담에서 벗어나려면 신용카드 또는 체크카드로 결제하거나 현금영수증을 반드시 챙겨 받기를 권한다.

(2) 무기장 가산세

보험설계사가 장부를 비치 기록하지 않거나 기록하여야 할 금액에 미달하는 경우 기록하지 않은 금액의 비율에 따라 산출세액의 20%를 무기장가산세를 부과한다.

단, 국세기본법상의 과소신고가산세와 중복하여 부과하지 않으므로 무기장가산세와 비교하여 큰 금액을 가산세로 한다. 가령 복식부기의무자가 추계신고하거나 간편장부로 기장신고를 하는 경우에 적용한다.

(3) 영수증수취명세서미제출 가산세

보험설계사가 현금을 지출하고 간이영수증 등을 받은 경우 확정신고를 할 때 영수증수취명세서를 제출하지 않는 경우 영수증수취명세서미제출 가산세를 부과한다.

가산세는 미제출한 금액의 1%를 적용하여 계산한다. 즉, 경비를 사용하면서 현금을 지출할 때 간이영수증를 수취한 경우에 영수증수취명세서를 작성하여 제출하지 않으면 가산세가 부과되는 것이다. 따라서 가산세를 회피하려면 앞에서 설명한 것처럼 신용카드를 사용하거나 현금영수증을 수취하여야 한다.

(4) 사업용계좌 미사용 가산세(복식부기의무자)

복식부기의무자에 해당하는 보험설계사는 사업용계좌를 신고하고 사용해야 한다. 만약 사업용계좌를 신고하지 않거나 사용하지 않는 경우 사업용계좌 미사용금액 대하여 0.2%를 사업용계좌미사용가산세로 부과한다.

사업용계좌는 은행에 가서 사업용계좌를 개설하러 왔다고 하면 알아서 계좌를 만들어 주는데 보험설계사가 복식부기 의무자에 해당하게 된다면 반드시 사업용계좌를 개설하고 적법하게 신고하고 사용해야 불이익을 받지 않는다.

(5) 지급명세서 제출 불성실 가산세

보험설계사들 중에서도 활동이 많은 이들이 있다.

활동량은 곧 영업성과로 이어지므로 영업상 부가가치가 낮은 택배발송 또는 부분적인 고객관리 등은 아르바이트 형태로 고용하여 일시적으로 채용하여 업무를 맡기는 경우가 많다. 이렇게 부분적으로 아르바이트형태로 직원을 채용하여 그에 해당하는 인건비를 지불하는 방법으로 계좌이체하거나 금액이 적은 경우 현금으로 지급하는 경우가 있다.

주의해야 할 것은 부분적으로 도움을 주는 아르바이트 직원에게 소득을 지급한 경우에는 소득세법에 따라 소득을 지급하였음을 증명하는 지급명세서를 제출하여야 한다.

인건비를 지급하는 자가 지급명세서를 제출하여야 소득을 받는 자는 국세청에 소득이 노출되고 인건비로 경비를 지급한 보험설계사는 필요경비로 인정받을 수 있다. 이는 원천징수와 맞물려 돌아가는 국세행정시스템 중 일부이다. 따라서 아르바이트 직원에게 인건비를 지급하는 문제와 관련해서는 여러 가지 문제가 복합적으로 발생하므로 위에서 설명한 것과 같이 개념적으로 이해하고 실무적으로는 반드시 담당 세무사와 상의를 하고 업무를 처리하는 것이 좋다.

지급명세서 미제출과 관련된 가산세는 미제출한 금액(지급한 금액)의 1%를 적용하여 계산한다.

• 보험설계사 세무신고 가이드

2016년 2월 모 세무사의 적절하지 않은 프리랜서 사업자 소득세신고대행으로 많은 보험설계사분들이 세무서로부터 필요경비에 대한 소명을 통지받았다.

평소에 아무 의심 없이 세무사 사무실에 수수료를 지출하며 으레 잘 해주겠지라고 생각하며 단순히 신고대행 업무를 위임하였는데 어느 날 문득 세무서로부터 과세해명통지서를 수령받고 크게 당황했으리라 생각된다. 저자도 처음에는 그런 일이 있었구나 하고 생각만 하였는데 얼마 지나지 않아 가깝게 지낸 보험설계사 및 관리자들로부터 과세해명에 대한 문의 전화가 빗발치듯 오기 시작했다.

그제서야 이번 사태는 남의 일이 아니라는 것이라는 것을 직감적으로 알 수 있었다. 그렇다고 선뜻 사건을 수임해서 일을 처리할 수도 없는 입장이어서 소명에 대한 상담만 계속 진행하다가 과거 회사에 재직 중일 때 저자를 아껴주신 선배 지점장님, 보험설계사분들로부터 다른 세무사 사무실에서 수임하지 않으니 일을 내가 맡아 처리해달라는 부탁을 받았다.

그것이 계기가 되어 소규모로 사건을 수임하면서 나름 업무 절차를 기록하고 정리화해서 나중에라도 이러한 일이 발생할 경우 도움이 될 수 있도록 조금이나마 사전 지식을 익히자는 측면에서 서술하였다.

소명자료를 준비하고 작성해서 조사관과 대응을 하면서 보험회사와 보험설계사의 생리를 알고 접근하니 다소 편하게 사건을 해결할 수 있었다. 물론 조사관에 따라 상당히 힘들게 처리한 건도 있다.

세무서로부터의 과세소명은 금번 사태와 같이 기획조사처럼 진행될 수도 있지만 그렇지 않은 경우는 신고내용의 적정성 여부가 의심이 가는 경우에 간혹 받을 수 있다.

따라서 과세소명은 언제든지 나올 수 있는 부분이 있기 때문에 지금부터 설명하는 내용을 잘 읽어 보고 혹시나 과세소명이 나올 경우 현명하고 당당하게 대처하기를 소망한다.

1) 과세해명통지서의 수령

세무서에서는 어떤 일정한 절차에 따라 선정된 대상자들에게 의심 가는 부분에 대하여 그 자료에 대하여 해명을 하라고 통지를 하곤 한다. 소명 내용으로는 수입금액의 산정부분, 필요경비에 대한 산정부분이 있다.

보험설계사는 보험회사로부터 판매수수료를 지급 받을 때에 보험회사가 그 수수료에 대하여 원천징수를 하고 지급하므로 수입금액에 대한 내용은 원천징수신고서에 잘못 기록되지 않는 이상 그 금액이 다르지 않다. 따라서 보험설계사는 대부분 필요경비에 대한 소명에 해당할 것이다.

2) 과세해명 요구에 따른 소명절차

(1) 담당 세무사 선임

과세해명에 따른 소명을 세무서로부터 수령한 경우에는 세무사를 먼저 선임하는 것이 좋다. 선임해야 하는 이유는 두 가지로 이야기할 수 있다.

첫 번째는 과세해명에 대한 자료의 입증금액에 대하여 100% 소명을 하기가 현실적으로 힘들다. 소명하라고 하는 금액보다 동일하거나 더 많은 필요경비를 입증하는 경우라면 상관이 없겠지만, 현실적으로 그렇게 입증하기가 힘들 것이다.

또한 소명을 받은 필요경비에 대하여 해명이 끝난 후에는 다시 장부를 수정하고 수정신고서를 작성해야 하는데 장부 및 수정신고서 작성이 혼자서 작성하여 신고하기가 힘들다.

따라서 마지막 신고까지 넘어서기 힘든 벽이 있기 때문에 처음부터 고생하지 말고 정당한 수수료를 지불하고 세무사의 조언을 받아 신속하게 소명를 하는 것이 효율적이다.

두 번째 이유는 통상 보험설계사는 과세소명에 대한 경험이 부족하고 대응방법에 대하여 세무사보다 경험치가 부족하다. 세무사는 어떻게 처리하는 것이 유리, 불리한지 세법의 지식을 가지고 판단이 가능하기 때문이다. 이러한 이유로 혼자서 대응하는 것보다 세무사를 선임하여 소명 것이 유리하다.

혼자서 대응을 하다가 불리하게 경비가 입증되고 혼자서 신고서 등을 작성하다가 결국은 넘지 못하는 벽에 막혀 고생만 하다가 동일한 수수료를 주고 마지막에 세무사를 선임하는 경우를 봤는데 옳지 못한 행동이다.

　　　　　　　　· 보험설계사 세무신고 가이드

(2) 과세자료제출 및 과세소명 자료의 작성

담당 세무사를 선임하면 세무사는 과세소명에 따른 일정한 가이드라인을 제시하여 준다. 일반적으로 다음과 같은 절차에 따라 과세소명 준비가 이루어진다.

큰 맥락에서 보자면 우선 사전 미팅을 해야 한다. 신뢰감이 가는 세무사를 선택하였다면 담당 세무사와 소명자료 준비를 위해 사전미팅을 갖는다. 사전미팅에서는 어떤 세목에 대하여 과세소명을 받았고, 왜 과세소명을 받았는지 그 이유에 대하여 추정하고, 소명날짜는 언제까지인지 등을 사전미팅을 통해 문제를 수면위로 노출 시키고, 사전미팅이 끝나고 세무사는 해당 과세소명에 대하여 원활하게 과세소명이 이루어질 수 있도록 치밀한 계획을 세운다

두 번째로는 세무사 사무실에 자료 제출이다. 담당 세무사는 보험설계사의 입장에서 충분한 과세소명이 이루어질 수 있도록 필요한 자료를 집적하기 위하여 아래와 같이 보험설계사에게 자료를 요청한다.

담당 세무사도 보험설계사의 편에 서서 업무를 처리하지만

무한정 보험설계사의 편에 서서 도움을 줄 수 있는 입장이 되기 어렵다. 왜냐하면 세무사는 세무사법에 따라 납세의무자를 대신하여 적법하게 신고를 대리하는 전문자격사이기 때문이다. 그렇기 때문에 보험설계사가 업무무관 비용을 자료에 넣기를 원하거나 비용을 만들 수 있는 방법에 대하여 적극적으로 도움을 주기에는 제한이 된다.

보험설계사는 담당 세무사가 요청하는 자료를 성실히 준비하여 과세소명이 원활히 이루어질 수 있도록 신속히 제출하면 된다. 단 월 기장수수료를 지불하고 장부기장을 위탁한 경우에는 상당수의 자료가 세무사 사무실에 있기 때문에 더 빠른 시간 내에 소명이 이루어질 것이다.

만약 장부기장을 위탁한 경우가 아니라면 아래에서 예시로 들고 있는 자료를 준비하여 세무사 사무실에 제출하면 된다. 물론 세무사 사무실마다 업무처리 방법이 다르고 조사관과 대응하는 방법이 다르기 때문에 완전히 일치하는 것은 아님을 알아주기 바란다.

과세해명통지서란 관할 세무서에서 소명하라고 통지한 내용으로 그 명칭은 조금씩 다르지만 실제로 받아보면 이 서류가 그것이구나 하는 생각이 들 것이다.

과세해명통지서에는 일반적으로 최소 1개 연도부터 최대 5개 연도까지 소명하라고 명시하고 있다. 그 소명연도에 해당하는 종합소득세신고서를 인근 세무서의 민원실이나 국세청 홈택스에서 발급 가능하니 발급받아 제출하면 된다.

실제 소명자료를 작성하기 위하여 필요한 서류들이다. 서류도 다양하고 발급하는 기관도 많아서 실제 준비하는데 시간이 다소 소요된다. 영업에 크게 방해받지 않는 범위 내에서 최대한 자료를 발급받아 제출하자.

① 월별 급여대장

통상 보험회사에서는 업적월을 기준으로 급여대장 명칭을 사용한다. 하지만 과세자료를 사용하는 것은 업적월도가 아니라 지급월도이므로 유의하여 준비하자.

예를 들어 2015년 12월 급여대장은 2016년 1월에 지급하는 수수료 명세서이다. 따라서 2016년도 과세해명 자료에는 2015년 12월부터 2016년 11월 급여대장을 준비하여야 한다.

다만 일부 보험회사에서는 지급하는 월도를 급여대장 명칭으로 사용하는 곳도 있다(선지급판촉비 등의 확인).

② 카드사용내역서

카드사용내역서는 보험설계사의 필요경비 중 상당 부분의 자료가 포함되어 있다. 그리고 세무사 사무실에서는 전산회계 프로그램을 이용하여 장부를 작성하고 신고서를 만들어 신고한다. 그렇기 때문에 전산회계프로그램과 연동 가능한 E×cel 자료로 제출하기를 바란다.

③ 계좌이체내역서

카드사용내역서와 동일하게 보험설계사의 필요경비 중 많은 자료를 가지고 있는 자료에 해당한다. 마찬가지로 E×cel 자료로 준비하여 제출하자.

④ 건강보험료 납입내역
⑤ 승용자동차 취득가액 확인 서류 및 취득세 납입내역
⑥ 자동차세 납입내역
⑦ 자동차 보험료

⑧ 기부금 납부영수증

⑨ 경조사비 지출내역

⑩ 종합소득공제를 위한 기타 증명서류 – 세법상 장애인, 가족 관계증명서

⑪ 아르바이트 지급액

⑫ 리크루팅 지원비

⑬ 그 밖에 종합소득공제 및 세액공제를 받을 수 있는 서류로서 가족관계증명서, 국민연금납입내역서, 연금저축납입내역서 등

세 번째는 세무서 조사관과의 대응(과세소명)이다.

보험설계사가 준비한 자료를 담당 세무사에게 제출하게 되면 담당 세무사는 경비 자료의 적정성 여부를 판단하고 조사관이 이해하기 좋게 자료를 분류하고 작성한다. 이러한 자료 준비가 완료되면 이제 조사관과 본격적으로 소명에 대한 업무를 시작하게 된다.

관할 세무서의 담당 조사관을 잘 만나는 것도 그 보험설계사의 복인데 담당 조사관의 성향에 따라 원활하게 조율이 잘 되는 경우도 있고 그렇지 않은 경우도 있다. 따라서 담당 조사관과 조율이 잘 안된다고 해서 담당 세무사가 능력이 없는 것이 아닐 것이다. 과세소명이 완료될 때까지 담당 세무사를

믿고 끝까지 지원을 해주자.

네 번째는 수정신고서 작성 및 신고와 추가납부세액의 납부이다.

담당 세무사가 조사관과의 소명절차가 모두 완료된 경우에는 담당 조사관이 인정한 필요경비에 한하여 다시 장부를 작성하고 수정신고서를 작성하여 수정신고로 이어진다. 간혹 조사관의 직권 경정으로 바로 납세고지가 있는 경우도 있다. 이렇게 수정신고하고 가산세를 포함한 추가납부세액까지 납부하면 사건은 종결된다.

만약 추가납부세액이 너무 부담이 되어 납부하기가 현저하게 곤란한 경우 조사관에게 진정성 있게 말을 해보자. 그러면 국세징수법상의 징수유예제도에 대하여 설명을 들을 수 있을 것이다. 보험설계사가 징수유예 사유에 해당하면 최대 9개월까지 분할하여 납부할 수 있다.

보험영업을 하다 보면 다른 보험회사의 리크루팅 시책이나 친하게 근무한 다른 관리자 또는 보험설계사의 권유에 따라 다른 보험회사로 이직하는 경우가 많다. 그렇다면 연중에 다른 보험회사로 이직하는 경우 어떻게 소득세를 신고해야 할까?

1) 연말정산 대상자의 경우

연말정산을 하는 보험설계사의 경우 대부분 이직 전의 회사에서 퇴직하는 시점에 연말정산을 하여 세액을 정산한다. 그리고 이직한 보험회사에서 다음연도 2월달에 연말정산 시기가 되면 최종적으로 연말정산을 하게 된다.

이 경우 이직 전의 보험회사에서 퇴직할 때 연말정산을 한 내역을 이직한 보험회사에 제출하여 이직 전·후 보험회사의 소득을 통합하여 연말정산 하면 된다.

극히 드문 경우로 이직 전의 보험회사에서 연말정산을 하지 않는 경우도 있다. 그런 경우에도 상관없이 매월 급여를 받을 때 보험회사에서 원천징수한 내역을 이직한 보험회사에 제출하여 연말정산을 하게 되면 이직한 보험설계사에게는 아무런 문제가 발생하지 않는다.

2) 확정신고를 하는 경우

이직한 보험설계사가 확정신고를 하는 경우에도 연말정산을 하는 보험설계사와 절차는 동일하다. 다만 원천징수 영수증을 이직한 보험회사에 제출하는 것이 아니라 세무사 사무실에 제출하는 것이 차이점이라 할 수 있다.

04 성실신고확인제도

성실신고확인제도란 사업소득자의 성실신고를 장려하여 과세표준을 양성화하기 위하여 수입금액이 업종별로 일정 규모 이상의 사업소득자는 비치·기록된 장부와 증명서류에 의하여 계산한 사업소득금액의 적정성 여부를 세무사에게 장부 기장 내용의 정확성 여부를 확인받아 종합소득과세표준 확정신고를 하는 제도를 말한다.

1) 성실신고확인 대상 보험설계사

성실신고확인 대상 보험설계사는 해당 과세기간의 수입금액이 5억 원 이상인 보험설계사가 해당한다.

성실신고확인 대상 보험설계사는 성실신고를 확인하는 세

무사를 선임하여 해당 과세기간의 다음연도 4월 30일까지 성
실신고확인자 선임신고서를 관할 세무서장에게 신고하여야
한다.

2) 성실신고확인서 제출 시의 혜택

성실신고확인 대상 보험설계사는 종합소득과세표준 확정신
고를 할 때 세법에서 규정하는 제출서류에 더하여 비치·기록
된 장부와 증명서류에 의하여 계산한 사업소득금액의 적정성
을 담당 세무사가 확인하고 보험설계사의 납세지 관할 세무서
장에게 제출하여야 한다. 이렇게 성실신고확인 대상 보험설계
사가 성실신고확인서를 제출하면 다음과 같은 혜택을 세법에
서 부여하고 있다.

(1) 확정신고기한의 연장

성실신고확인 대상 보험설계사가 확정신고 시에 성실신고확
인서를 제출하는 경우에는 일반보험설계사와 다르게 확정신
고를 다음 연도 5월 1일부터 6월 30일까지로 하여 1개월 추

가하여 신고기한이 연장된다.

(2) 의료비·교육비 세액공제 적용

성실신고확인 대상 보험설계사가 확정신고 시에 성실신고확인서를 제출하는 경우 다른 성실사업자와 같이 의료비·교육비 세액공제를 해당 과세연도의 산출세액에서 공제할 수 있다.

따라서 기본공제대상자에 해당하는 부양가족의 의료비 사용내역, 교육비 지출 금액을 세법에서 규정하는 한도 내에서 세액공제가 가능하다.

(3) 성실신고 확인 비용에 대한 세액공제 적용

성실신고확인 대상 보험설계사가 확정신고 시에 성실신고확인서를 제출하는 경우 성실신고확인에 관하여 지출한 금액에 60% 적용하여 계산한 금액을 산출세액에서 공제할 수 있다. 다만 최대로 공제할 수 있는 금액을 100만 원으로 한도를 두고 있다(2018년 과세기간 분부터는 120만 원 한도).

예를 들어 성실신고 확인을 위하여 세무사사무실에 200만 원을 지출했다면 필요경비로 200만 원을 비용처리하고, 지출한 금액 중 200만 원×60%=120만 원(한도 100만 원)을 세액공제 받을 수 있다.

만약 35% 세율이 적용된다고 가정하면,

- 성실신고 비용 지출액 : 200만 원 (유출)

- 비용처리 시 절감되는 세액 : 200만 원 × 35% = 70만 원 (유입)

- 성실신고확인비용 세액공제
  : 200만 원 × 60% = 120만 원 (한도 100만 원, 유입)

- 성실신고 비용의 실제 부담액
  : (−)200만 원 + (70만 원 + 100만 원) × 1.1 = (−)13만 원 (유출)

  ※ 위 산식에서 보듯이 실제 부담하는 금액은 13만 원으로 부담이
  없는 금액이다.

---

3) 성실신고확인서를 제출하지 않는 경우의 세법상 제재

성실신고확인 대상 보험설계사가 확정신고 기간인 5월 1일 부터 6월 30일까지 성실신고확인서를 제출하지 않는 경우에 는 엄격한 세법상 제재를 받을 수 있다. 그 제재 사항으로는 가산세 부과 징수와 세무조사 대상자로 선정될 수 있다.

(1) 성실신고확인서 미제출 가산세

성실신고확인 대상 보험설계사가 확정신고 기한 내에 성실신고확인서를 제출하지 않으면 산출세액의 5%를 성실신고확인서 미제출 가산세로 부과 징수한다. 다만 무신고가산세, 무기장가산세, 성실신고확인서 미제출 가산세가 동시에 적용될 때에는 그중 큰 금액에 해당하는 가산세만을 적용한다.

만약 가산세액이 동일하면 신고불성실가산세(무신고, 과소신고가산세)만 적용한다.

※ 2018년 이후 과세기간부터는
　Max (무신고가산세, 무기장가산세) + 성실신고확인서 미제출 가산세

(2) 수시선정 세무조사

성실신고확인 대상 보험설계사가 확정신고 기한 내에 성실신고확인서를 제출하지 않으면 세무공무원은 정기선정에 의한 조사 외의 세무조사를 할 수 있다. 세무조사의 경우는 과세해명에 따른 수정신고보다 자료에 대한 소명이나 영업활동에 대한 침해 정도가 크다. 또한, 명확히 밝혀지지 않은 경비에 대하여 인정하지 않으므로 자칫 잘못하면 큰 금액의 추가 소득세에 만만치 않은 가산세가 부과 징수할 수 있다.

4) 성실신고확인 대상 보험설계사가 된 경우 주의할 점

성실신고확인 대상자는 대체로 고소득 보험설계사에 해당한다. 따라서 자신이 성실신고확인 대상자에 해당할 때에는 확정신고 시에 주의해야 할 사항들이 많이 있다.

물론 성실신고확인서 제출에 따른 세법상 혜택이 있으나 그 혜택과 제재 사항을 비교한다면 혜택에 대비하여 제재사항이 훨씬 크므로 마냥 좋아할 일이 아니다.

우선 성실신고확인 대상자는 과세관청으로부터 특별한 관심을 받는 사업소득자에 해당한다. 과거에는 수입금액 규모가 크더라도 다른 일반 사업자들과 별다르게 취급하여 과세할 수 있는 도구가 없었다.

즉, 과거 과세 행정 시스템에서는 소득이 많은 사업자일수록 더 많은 세금을 부과·징수·관리하는 시스템이 없었고, 이러한 시스템의 관리에서 자유로웠던 고소득 사업소득자에 무거운 과세를 할 수 없었기 때문에 수직적 공평에 위배가 된다는 것이다. 그렇기에 정부에서는 성실신고확인제도를 공포하고 그들만을 따로 분류하여 관리가 들어가기 시작한 것이다.

따라서 과세관청에서는 날카로운 눈으로 성실신고확인대상

자가 매출을 누락하지는 않는지, 실제 경비가 아닌데도 경비로 계상하여 소득금액을 적게 신고하는 게 아닌지 실시간으로 보고 있는 것이다. 더욱이 성실신고확인 대상자에 해당하여 세무사 사무실에 신고를 위임하는 경우, 차후에 그 신고 내용에 문제가 생길 경우 담당 세무사에게도 철퇴가 가해진다.

그렇기에 평소에 영업활동을 하면서 활동관련 경비를 지출을 할 때에는 반드시 적격증빙서류를 남기고 만약 부득이하게 현금 지출을 하게 된 경우에는 지출목적과 수령인 등을 문서로 남기는 습관을 가지는 것이 좋다.

성실신고확인 대상자에 해당하면 세무사 사무실에서 알아서 업무 처리를 할 수 있는 영역을 벗어나는 부분이 존재하므로 성실신고확인 대상에 해당하는 보험설계사가 더욱 주의하여 경비를 지출하여야 한다.

성실신고확인 제도는 보험설계사, 담당 세무사 이 둘 모두에게 주의해야 할 제도이고 납부세액이 크더라도 적정한 신고를 하는 것이 어쩌면 절세의 지름길일 수도 있다.

Chapter 05

상담 꿀팁

: 보험상담 시 필수적인
세무·회계 지식

01 보장성보험과 저축성보험의 과세 방법

소득세법에서는 소득자가 질병이나 상해, 사망, 장기 생존 등의 상황에서 스스로 소득 보전을 위하여 보장성보험이나 연금보험 등을 가입하는 경우 세액공제, 이자소득에 대한 비과세 등의 세제 혜택을 두고 있다.

이하에서는 소득세법과 관련세법에서 규정하고 있는 내용을 구체적으로 살펴보도록 하자.

1) 보장성보험

(1) 정의

보험은 동질적 위험에 노출된 다수의 경제주체가 보험료를 지불하고, 그 위험을 보험회사에 전가하여 피해가 발생할 경우 그 피해를 복구해주는 제도를 의미한다.

보장성보험은 사망, 상해, 질병 등 위험을 대비하여 보험료를 지불하고 보험회사가 사고가 발생할 경우 약정한 보험금을 지급해준다. 암보험, 의료실비보험, 사망보험 등이 대표적인 상품이다. 보장성 보험은 생존 시 환급금이 없는 순수보장형과 만기시에 환급해주는 만기환급형 보험으로 크게 분류할 수 있다.

(2) 과세 방법

기본적으로 보장성 보험의 보험금은 수령 시 과세되지 않는다. 위험에 대한 보상을 담보로 받은 보험금은 세법상 과세대상에 해당하지 않기 때문이다. 예를 들어 암진단금 1천만 원 보장을 위해 월 1만 원의 보험료를 납입하고 있는 보험가입자가 있다. 2년 후 월 24만 원을 납입하고 암진단으로 1천만 원의 보험금을 수령한다고 해서 과세하지는 않는다. 다만, 보험금을 수령한 수익자와 보험료를 납입한 계약자가 다른 경우에는 상속세 및 증여세가 과세될 수 있다.

(3) 보장성보험료의 세액공제

보장성보험료의 세액공제는 근로소득이 있는 자가 기본공제

대상자를 위하여 납입한 보장성보험료에 대하여 산출세액에서 일정 세액을 공제하여 주는 제도를 의미한다.

세부적인 내용은 아래와 같다.

① 세액공제 요건

근로소득이 있는 거주자가 해당 과세기간에 만기에 환급되는 금액이 납입보험료를 초과하지 아니하는 보험의 보험계약에 따라 보험료를 지급하는 경우 그 금액의 100분의 12(장애인전용보험은 100분의 15)에 해당하는 금액을 해당 과세기간의 종합소득산출세액에서 공제한다.

다만, 보험료별로 그 합계액이 각각 연 100만 원을 초과하는 경우 그 초과하는 금액은 각각 없는 것으로 한다. 즉, 납입하는 보장성보험료와 장애인전용보험료 각각 연 100만 원 한도 내에서 세액공제를 받을 수 있다.

② 요건의 세부내용
　㉠ 근로소득이 있는 거주자

종합소득은 이자, 배당, 사업, 근로, 연금, 기타소득으로 구분할 수 있는데 단일의 소득이든 복수의 소득이든 근로소득이 있기만 하면 보장성보험료 세액공제를 적용받을 수 있다는 것이다.

ⓛ 지급하는 보험료

보장성보험료 세액공제 대상 보험료는 아래 두 가지 형태로 가입하여 지급하는 보험료를 의미한다.

첫 번째로 기본공제대상자 중 장애인을 피보험자 또는 수익자로 하는 장애인전용보험으로서 장애인전용보장성보험료가 있고 두 번째로 기본공제대상자를 피보험자로 하는 일반보장성보험료가 있다.

여기서 기본공제대상자는 나이요건과 소득금액 요건을 모두 충족하여야 세액공제를 받을 수 있다. 구체적인 내용으로는 2장에 자세히 설명하였다.

ⓒ 세액공제 금액

보장성보험료에 대한 세액공제액은 다음의 산식으로 계산한 금액을 적용하여 계산할 수 있다.

※ [Min (일반보장성보험료, 100만 원) × 12%]
    + [Min (장애인전용보장성보험료, 100만 원) × 15%]

다만, 장애인에 대하여 납입하는 보험료는 일반보장성보험에 대해서는 12% 세액공제가 적용되며, 장애인전용보장성보험에 대해서는 15% 세액공제가 적용된다. 주의해야 할 것은 일반보장성보험과 장애인전용보장성보험 세액공제가 중복하여 적용되지 않는다.

③ 세제혜택의 연혁

보장성보험료에 지급하는 보험료에 대한 세제혜택은 2013년까지 가입하여 지급하는 보험료에 대하여는 종합소득 과세표준에서 차감하는 소득공제 형식으로 세제혜택이 부여되었다.

그러나 세법이 개정되어 2014년부터 납입하는 보장성보험의 보험료에 대하여는 산출세액에서 차감하는 세액공제 방법으로 세제혜택을 주고 있다.

2) 저축성보험

2017년부터 보험상품과 관련하여 가장 중요하게 개정된 세법 내용으로는 기존 일시납 계약은 납입보험료가 2억 원 이하에서 1억 원 이하로 축소되고, 월적립식 계약은 월 150만 원 이하로 한도가 설정된 것이다.

2013년 2월 15일 이후 보험차익에 대한 비과세요건이 축소되기 시작하였고, 현재 보험상품은 비과세를 받는 상품이 아니라 원칙은 과세로 하되 비과세 요건을 충족하는 경우 과세 제외하는 방법으로 변경되었다.

(1) 정의

저축성보험은 위험을 담보하는 고유의 보험 기능보다는 만기생존 시에 보험금이 지급되는 저축기능에 중점을 둔 상품이다. 즉, 목돈을 마련할 수 있도록 만들어진 보험상품이다. 대표적으로 연금보험, 유니버셜보험 등과 같은 상품이 있다. 일정한 조건을 충족하는 경우 저축성보험의 비과세 혜택을 받을 수 있는 점이 장점이다. 장기적으로 목돈을 마련하거나 운용하기에 적합하다.

(2) 과세 방법

저축성보험은 위험을 담보로 하는 보장성 보험과 달리 수익성 금융상품으로 분류된다. 납입한 보험료보다 더 많은 보험금을 수령하는 경우 그 차익에 대해 과세한다. 그러나 일정한 요건을 충족하는 경우 과세하지 않는다.

(3) 저축성보험 차익에 대한 비과세 요건

2013년 2월 14일 이전에 가입한 상품의 경우에는 상품 가입 후 단순히 보험상품 유지기간에 따른 비과세 요건이 적용되었다.

보험상품을 가입하였던 시기를 기준으로 2000년 12월 31일까지 가입한 상품은 보험유지기간이 5년 이상, 2003년 12월 31일까지 가입한 상품은 보험유지기간이 7년 이상, 2013년 2월 14일까지 가입한 상품은 보험유지기간이 10년 이상으로 보험상품 유지기간 요건만 갖추면 이자소득에 대하여 비과세 혜택을 받을 수 있었다.

다만, 보험을 가입하고 10년이 경과하기 전에 10년, 15년, 20년 등 확정연금형식으로 연금을 수령한 후 보험계약이 소멸하는 경우에는 비과세 혜택을 적용받을 수 없다는 것에 주의해야 한다.

2013년 2월 15일부터 2017년 3월 31일까지 가입한 저축성보험의 비과세 요건은 일시납 계약의 경우 계약기간이 10년 이상이고, 납입하는 보험료가 2억 이하이면 비과세혜택이 적용되었다.

월 적립식 계약은 계약기간이 10년 이상이면 월 보험료에 상관없이 비과세 적용되었다. 단, 2013년 2월 15일 이후 계약부터 계약자가 변경된 경우에는 계약자 변경일로부터 10년을 유지해야 비과세가 적용되니 주의해야 한다.

2013년 2월 14일 이전에는 계약기간 중 명의변경에 상관없이 상품계약일로부터 10년 유지하면 비과세 적용된다. 다만, 2013년 2월 15일부터 가입한 상품은 명의변경 후 10년을 다시 유지하여야 비과세를 적용받을 수 있다.

2017년 3월 31일까지 가입하는 월 적립식 계약은 최초 계약일로부터 10년 이상 유지만 하면 월 보험료 규모에 상관없이 보험차익에 대해 비과세 되었다. 그러나 2017년 4월 1일부터는 월 적립식 계약은 납입보험료 1인당 월 150만 원 이하인 경우 비과세가 적용된다.

계약 시 주의하여야 하는 내용으로는 추가 납입하는 보험료를 포함하여 월 150만 원의 기준이 적용된다는 것이다. 또한 일시납 계약은 납입보험료 규모가 2억 원에서 1억 원으로 한도가 축소되었다.

당연히 최초 계약일로부터 10년 이상 유지 조건이 있다. 기간별로 내용을 정리하자면 다음의 표와 같다.

가입 기간	13.2.14.까지 가입	13.2.15.~17.3.31. 가입	17.4.1.부터 가입
유지 요건	10년 (계약시점부터 계산)	10년 (계약자가 변경되는 경우 계약자 변경시점부터 계산)	
금액 요건	없음	일시납 계약 : 2억 원 ⇨ 추가납입보험료 포함	① 일시납 계약 : 1억 원 ② 월 적립식 계약 : 월 150만 원 이하 ⇨ ①, ② 추가납입 보험료 포함

2017년 4월 1일부터 적용되는 저축성 보험의 비과세 요건은 다음과 같다.

일시납 보험은 계약기간 10년 이상이며, 한도는 1인당 총 보험료 1억 원 이하인 경우 비과세가 적용되며 월 적립식 보험은 계약기간 10년 이상, 납입기간 5년 이상이며, 매월 균등 보험료 납입을 전제로 하며, 한도는 1인당 월 보험료 150만 원 이하인 경우 비과세 적용된다.

종신형 연금보험은 만 55세 이후 사망 시까지 연금을 지급

받아야 하는 조건과 사망 시 보험계약 및 연금재원이 소멸되어야 한다. 다만, 납입보험료에 대한 한도는 적용받지 않는다.

3) 계약자 변경과 계약 전환

(1) 계약자 변경

소득세법에 따라 비과세 요건을 충족한 계약이라도 계약자가 변경되면 보험상품 계약 유지기간 요건과 납입한도 요건이 틀어질 수 있기 때문에 주의하여야 한다. 구체적인 것은 다음의 예시로 해당 내용을 알아보자.

① 아버지에서 아들로 계약자 변경 시 유지기간의 적용

아버지를 계약자로 가입한 저축성 보험을 아들로 계약자를 변경하는 경우 명의변경 시점부터 10년 이상 유지하면 비과세된다. (13.2.15. 이후 계약 체결분부터 적용)

② 1인당 비과세 한도의 적용

2017년 4월 이후 계약은 계약자 명의 변경으로 인해 기존 보험계약과 합산되어 과세되는 경우가 발생할 수 있다. 즉, 아버지는 100만 원의 월 적립식 저축보험을 가입하고 있었다. 아들도 월 적립식으로 100만 원의 저축성보험을 가입하고 있었다. 두 계약은 각 월적립식 150만 원 이하 비과세적용 범위 내이다. 만약, 아버지의 계약을 아들에게 명의변경을 한 경우에는 계약을 10년을 유지하더라도 과세된다. 왜냐하면 월 적립식 보험료의 인당 비과세 한도인 월 납입보험료 150만 원을 초과하기 때문이다. 즉, 해당 사례에서는 아버지에서 아들로 명의변경이 된 저축성 보험계약은 과세된다.

③ 보험료 합계액 계산 방법

계약자 변경 시 변경 후 계약자의 비과세 한도에 합산한다. 합산 한도는 변경계약의 가입시점 별로 한도적용이 달라진다. 계약자 변경 시 변경일을 최초납입일로 하며 변경 후 10년 유지해야 한다.

예를 들면 아들이 2017.4.1. 이후 월 보험료 100만 원 저축성보험을 가입하였다. 이후 아버지를 계약자로 월 60만 원 저축성보험을 아들로 계약자로 변경하게 되는 경우 비과세 한도 적용은 아래와 같다.

계약자 변경시 한도 적용			
변경하는 계약의 가입시점	2013.2.15. 이전	2013.2.15. ~ 2017.3.31.	2017.4.1. 이후
월적립식 저축성보험	한도 합산 없음	한도 합산 없음	변경 후 계약자의 한도와 합산하여 150만
일시납 저축성보험	한도 합산 없음	변경 후 계약자의 한도와 합산하여 2억	변경 후 계약자의 한도와 합산하여 1억

즉, 계약자를 아들로 변경해준 아버지 보험계약이 어느 시점에 가입했는지에 따라 과세, 비과세 여부가 정해진다. 만약, 2017년 3월 31일 이전 계약이라면 아버지 보험계약을 아들로 명의변경하더라도 2013년 2월 15일 이후 계약인 경우 변경시점부터 10년 유지 요건을 충족하여야 비과세 혜택을 받을 수 있으며, 2013년 2월 14일까지 가입한 계약인 경우 계약 시부터 10년 유지 조건만 충족하면 비과세혜택을 적용 받을 수 있다. 그러나 아버지 계약이 2017년 4월 1일 이후 가입했다면, 계약자 변경 후 10년을 유지하여도 인당 월 보험료가 150만 원 한도를 초과하여 과세된다. 그렇다고 기존 월적립식 한도내에서 유지 중인 보험도 과세되는 것은 아니다. 최초 아들이 가입한 월 보험료 100만 원 보험계약은 비과세가 되고, 아

버지가 아들에게 계약자 변경을 한 월 보험료 60만 원 보험계약은 과세된다.

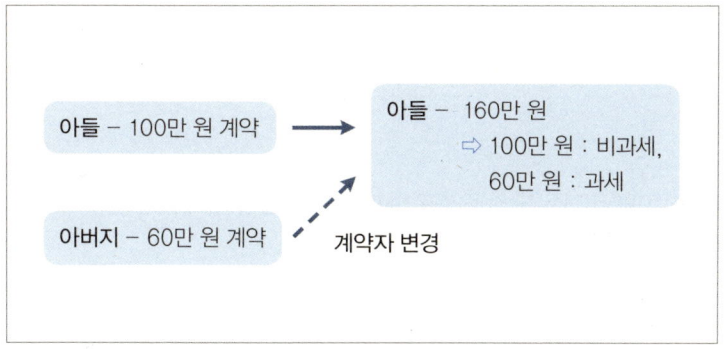

④ 일시납 저축성보험의 과세 및 비과세 사례

2017년 4월 1일 이후 일시납 저축성 보험은 10년 이상 유지 하는 경우 인당 보험료 1억 한도 내에서 비과세 된다. 예를 들어 일시납 저축보험료로 1억1천만 원을 하나의 상품으로 가입하는 경우 보험료 1억1천만 원에 대하여 과세된다. 주의할 점은 1억1천만 원 보험료 중에서 1억에 해당하는 부분은 비과세 되고, 나머지 1천만 원에 해당하는 부분은 과세하는 것으로 오해하는 경우가 있다. 이런 경우에는 일시납 보험료 1억 원과 1천만 원을 상품을 구분하여 가입하면 절세할 수 있는 여지가 있다.

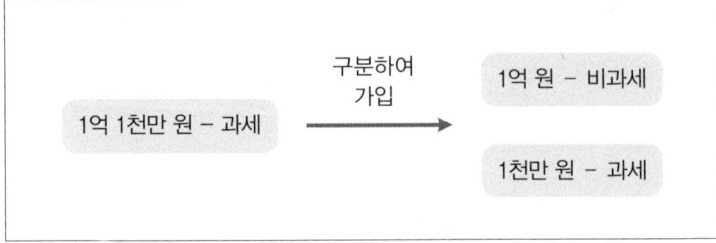

⑤ 10년 비과세 요건을 충족하지 못하고 연금을 개시한 경우의
　 과세방법

일시납 또는 월 적립식으로 상품으로 저축, 연금 보험 상품을 가입하던 중 10년 비과세 요건을 충족하지 못하고 연금을 개시한 경우 세금 문제를 살펴보자.

예를 들어, 40세에 저축성보험을 가입하여, 49세에 연금으로 전환하여 매년 연금을 수령하게 되면, 비과세 요건인 10년 유지 조건을 충족하지 못하여 보험차익에 대하여 과세된다. 이 경우 과세 시기는 매년 지급되는 연금 누적 합산액이 총납입한 보험료를 초과할 때부터 이자소득세가 발생된다. 만약, 연금을 수령 하는 중에 해지하는 경우에는, 그동안 연금으로 받은 누적금액과 해지 시 발생하는 해약환급금을 합산하여 납입한 원금보다 많은 경우에 15.4%(지방소득세 포함)의 이자소득세가 과세 된다.

(2) 계약전환

생명보험사의 종신보험의 경우 Life Cycle 상에 피보험자의 사망담보가 필요 없거나 축소해도 되는 경우 연금으로 전환하는 기능이 있거나 저축성보험상품으로 전환하여 노후자금 용도로 사용할 수 있게 상품을 설계할 수 있다.

이 경우 종신보험을 사망보험금 외의 목적으로 연금전환, 중도인출, 해지 후 일시금으로 수령하는 등의 방법으로 보험금을 수령한다면 납입한 보험료보다 초과하여 받은 보험금에 대해서는 보험차익으로 보아 과세할 수 있다.

다만, 앞서 살펴본 저축성보험의 비과세 요건을 충족하게 된다면 과세되지 않는다.

02 단체 보험과 화재 보험

1) 단체보험

(1) 정의

사업주는 종업원의 복리후생 차원에서 저축성보험이나 보장성보험 상품에 가입하여 종업원을 대신하여 보험료를 납부하는 경우가 있다. 이 경우 세법상 처리 방법에 대하여 살펴보자.

(2) 회계처리

원칙적으로 사업주가 종업원을 대상으로 가입한 보험상품에 납입하는 보험료는 종업원의 급여로 본다. 사업주는 납부하는 보험료 금액에 대하여 급여항목으로 비용처리 하고, 종업원은 근로소득으로 과세한다.

다만, 회사가 종업원의 사망, 상해, 질병 등을 보장하는 보험으로서 환급금이 없는 순수보장형보험상품이거나 만기환급금이 납입한 보험료를 초과하지 않는 보장성 단체보험의 경우에는 사업주는 연간 종업원 1인당 연간 70만 원 한도로 복리후생비로 비용처리 할 수 있다. 이 경우 종업원은 원칙에도 불구하고 세법에서 정한 규정에 따라 과세되는 근로소득으로 보지 않는다. 만약, 사업주가 납입하는 보험료가 연간 70만 원을 초과하여 납부하는 경우 사업주는 70만 원 초과분에 대하여 급여로 경비처리하고, 종업원은 과세되는 근로소득으로 본다.

(3) 단체 보험의 사례

단체보험에 가입하는 경우 계약관계자 설정에 따른 세무처리 방법에 대하여 살펴보자.

경우 1				
구분	계약자	피보험자	만기수익자	상해 등 수익자
계약관계자	사업주	근로자	근로자	근로자

생명보험회사에서 판매하는 상품에 대하여 설계할 수 있는 형태 중에 하나이다. 손해보험사와 다르게 생명보험회사에서는 만기수익자를 사업주 또는 근로자로 설정할 수 있다. 피보험자와 수익자를 종업원으로 하는 경우 사업주가 보험료를 납입할 때는 납입보험료 전액에 대하여 비용처리 할 수 있다. 근로자는 연간 70만 원 한도로 과세되는 근로소득으로 보지 않는다.

경우 2				
구분	계약자	피보험자	만기수익자	상해 등 수익자
계약관계자	사업주	근로자	사업주	근로자

만기수익자가 사업주(법인)이므로 사업주(법인)이 비용처리 할 수 있는 범위는 보장성보험료와 사업비만 비용처리 가능하다. 총 보험료 중 저축성 보험료는 사업주의 자산으로 계상하여야 한다. 이 경우도 근로자는 연간 70만 원 한도로 과세하는 근로소득으로 보지 않는다.

• 보험설계사 세무신고 가이드

경우 3				
구분	계약자	피보험자	만기수익자	상해 등 수익자
계약관계자	사업주	근로자	사업주	사업주

경우 3의 상황은 세법에서 정하는 단체보장성보험으로 볼 수 없는 형태이다. 따라서 비용처리 할 수 있는 범위는 보장성 보험료와 사업비만 비용처리 가능하며, 저축성보험료는 사업주의 자산으로 계상하여야 한다. 만약 일정기간이 경과하여 종업원에 대하여 보험사고가 발생하는 경우 해당 보험금이 사업주(법인)에게 귀속이 된다. 사업주(법인) 본인이 납입자와 수익자가 되는 형태이기 때문에 종업원은 보험의 담보물에만 해당할 뿐이고 근로소득과세 여부와는 무관하다.

2) 화재보험

(1) 정의

화재로 인하여 발생할 수 있는 손해 보상을 목적으로 하는 손해보험계약을 화재보험계약이라 한다. 보험사고는 화재이나 상법은 화재를 정의하지 아니하므로 사회통념상 화재라 인정할 수 있는 화력에 의한 연소작용으로 생긴 재해라고 규정하면 될 것이다.

(2) 회계처리

화재보험은 업무에 사용하고 있는 건물 등의 손해 보상을 목적으로 가입한 상품이므로 화재보험에 납부하는 보험료는 업무상 필요로 하는 경비에 해당한다. 다만, 납입보험료 중 위험보험료와 사업비에 한해서만 경비로 처리할 수 있으며, 저축성보험료가 포함된 경우에는 사업주의 자산으로 계상하여야 한다. 만약 사업용자산의 소실로 보험금을 수령하는 경우 개인사업자는 사업소득의 총수입금액에 산입하는 것이며, 법인인 경우에는 익금에 산입하여야 하는 것에 주의해야 한다.

03 세제적격연금보험과 세제비적격연금보험의 비교

노후를 준비하기 위한 방법의 일환으로 통상 연금상품을 가입하여 준비를 많이 하고 있다. 연금보험상품은 노후 준비를 스스로 할 수 있게 장려하기 위하여 세제혜택을 크게 두 가지로 구분하여 상품이 출시되고 있다.

하나는 연금저축보험상품으로 연금보험료를 납입할 때 연금계좌세액공제를 적용받을 수 있는 세제적격연금보험이고 다른 하나는 앞에서 살펴본 비과세요건을 충족하는 경우 이자소득에 대하여 비과세 받을 수 있는 세제비적격 연금보험상품이 있다.

1) 세제적격연금보험

(1) 연금계좌 세액공제 요건

연금저축보험상품에 대하여 세액공제 혜택을 받기 위해서는 다음과 같은 조건을 모두 충족해야 한다.

상품 가입기간이 5년 이상이며, 만 55세 이후부터 10년 이상 연금으로 지급받아야 한다. 또한 납입 보험료 한도는 연간 1,800만 원 이내이다.

요건을 충족하는 경우 연간 납입한 보험료에 대하여 13.2%(지방소득세 포함) 곱한 금액을 세액공제 받을 수 있다. 다만, 세액공제 받을 수 있는 납입보험료 한도가 400(300)만 원으로 제한되어 있다.

한도 400(300)만 원 납입 시 52만8천 원(39만6천 원)을 세액공제 받을 수 있다.

그러나 근로소득 총급여액 5,500만 원 이하 또는 종합소득금액 4,000만 원 이하인 경우에는 16.5%(지방소득세 포함)를 적용받아 세액공제를 받을 수 있다. 만약 IRP계좌를 개설하여 납입한 금액이 있거나 퇴직연금 추가납입분이 있다면 700만 원 총 한도로 하여 세액공제를 받을 수 있다.

총급여액 또는 종합소득금액	연금저축	IRP 등	= 총 한도	세액공제율
총급여액 5,500만 ~ (종합소득금액 4,000만 이하)	400만	700만	700만	15% (16.5%)
총급여액 5,500만 ~ 1억 2천만 (종합소득금액 4,000만 ~ 1억)				12% (13.2%)
총급여액 1억 2천만 초과 (종합소득금액 1억 초과)	300만			

※ 총 한도는 700만 원을 동일하게 적용하되, 연금저축이 없는 경우 IRP에서
   700만 원 총 한도로 세액공제 가능

(2) 과세방법

① 연금 수령 시

연금저축보험은 세액공제 혜택을 받는 금액과 그 운용수익에 대해 3.3~5.5%(지방소득세 포함) 연금소득세를 내야 한다. 연간 1,800만 원 한도 내에서 납입이 가능한 연금보험료 중에서 세액공제 받지 않은 금액은 제외된다. 연금으로 받게 될 때 적용되는 세율은 55세부터 70세 미만 5.5%, 70세 이상 80세 미만은 4.4%, 그리고 80세 이상은 3.3%의 세율을 적용받는다. 연금저축보험은 연금 수령기간에 따라서도 연금소득세

율이 달라지는데, 종신연금을 선택하면 55세 이상 70세 미만인 경우 4.4%, 80세 이상은 3.3% 적용된다(생명보험사의 연금저축보험은 종신연금으로 선택이 가능하다). 또한 연금저축보험에서 연 1,200만 원을 초과하여 연금을 수령하는 경우에는 종합과세 대상이 된다는 점에 주의하자.

② 해지 및 연금 외 수령 시

연금저축보험의 세액공제요건에 해당하는 연금 방법(55세 이후, 10년 이상 연금지급) 외에 수령하는 경우에는 기타소득세 16.5%로 분리과세 된다. 납입한 원금과의 차익에 대한 16.5%가 아니고, 세액공제 받은 금액과 운용수익을 합산한 금액에 16.5%가 부과된다. 세액공제 받은 것에 비해 상대적으로 세율이 높으니 중도해지 등 사유발생시 주의해야 한다.

예외사항으로 사망, 가입자의 해외이민, 가입자 또는 부양가족의 3개월 이상 장기 요양, 가입자의 파산선고 또는 개인회생절차 개시, 천재지변으로 인한 피해 등 부득이한 사유가 발생하면 3.3% ~ 5.5% 저율로 분리과세하고 있다.

③ 사망으로 배우자가 연금저축을 승계하는 경우

연금저축보험은 사망한 가입자의 배우자가 그 계약을 승계할 수 있다. 연금저축보험을 그대로 넘겨받고 승계한 배우자는 약관에서 정한 내용대로 연금으로 수령할 수 있다. 이 경우 '가입기간 5년'과 연금수령자가 '만55세 이상'이라는 두 가지 조건을 충족하면 된다. 가입기간은 사망한 배우자가 최초에 가입한 날짜를 기준으로 하며, 만 55세 기준은 승계를 받는 배우자를 기준으로 한다.

2) 세제비적격연금보험

(1) 과세방법

세액공제가 되지 않는 연금보험상품의 경우에는 납입보험료를 초과하는 소득에 대하여 저축성보험차익으로 보아 이자소득으로 과세한다. 그러나 저축성보험의 비과세 요건을 충족하는 경우 과세하지 않는다. 비과세 받을 수 있는 조건은 앞서 언급한 저축성 보험의 비과세 요건과 동일하다.

(2) 종신형 연금의 비과세 사례

세제비적격연금보험상품은 보험료를 납입할 때에 납입하는 보험료에 대하여 세액공제가 적용되지 않지만, 저축성보험의 비과세 요건을 갖추는 경우 발생하는 이자소득에 대하여 비과세 적용을 받을 수 있다.

저축성보험의 비과세 요건 중 유지기간 요건이나 금액 요건만 규정하고 있는 것이 아니다. 일정 요건을 충족하는 종신형 연금을 선택하여 연금을 수령하는 경우에도 비과세를 적용받을 수 있는 것이다.

비과세를 적용받을 수 있는 종신형 연금의 요건으로는 계약자가 납입기간이 끝난 다음 55세 이후부터 사망할 때까지 연금을 수령하여야 하며 계약자 사망과 동시에 연금재원이 소멸하여야 한다.

연금으로 전환이 가능한 저축성 보험이나 일반 연금보험 등과 달리 종신형 연금의 요건에 충족하는 경우에는 납입금액 한도 없이 보험차익에 대하여 비과세가 적용된다. 그래서 자산가들은 거액의 보험료를 납입하고 운용하면서 비과세 혜택을 볼 수 있는 종신형연금상품을 활용하기도 한다.

그러나 계약자가 조기에 사망하면 손해를 볼 수 있는 경우

· 보험설계사 세무신고 가이드

도 있다. 따라서 조기 사망 시에도 일정 기간 상속인들이 연금을 받을 수 있는 보증지급기간을 설정하는 경우가 있는데 비과세 혜택을 받으려면 피보험자의 기대여명 이내로 보증지급기간을 설정해야 하는 점에 주의하여야 한다.

3) 세제적격연금보험과 세제비적격연금보험 중 어느 것이 유리한가

세제적격연금보험과 세제비적격연금보험 상품은 세제혜택 구조 자체가 다르기 때문에 어느 상품이 더 유리하다고 단정할 수는 없다.

세제적격연금보험은 13.2% 또는 16.5% 세액공제를 받고 연금을 수령할 때 3.3~5.5% 연금소득세를 내야 한다. 세제비적격연금보험은 세액공제 대상이 아니지만, 차후에 보험차익이 발생하면 15.4%의 이자소득에 대하여 과세하지 않는다. 세제적격연금보험은 일시금 및 해당 연금지급 방법 외의 방법으로 수령하면 16.5%의 기타소득세가 발생하는 점을 주의해야 한다.

총납입한 원금보다 차익이 발생하지 않더라도 세액공제 받은 금액과 운용수익 합산 금액 전체의 16.5%를 기타소득세로 과세한다. 따라서 계약자의 상황에 따른 납입방법, 계약기간, 소득의 크기 등에 따라 그 방법과 효과가 달라질 수 있기 때문에 자신의 상황에 맞추어 결정하여야 한다.

04 보험상품과 상속세 및 증여세

보험상품은 계약관계자가 계약자, 피보험자, 수익자 등 3자 관계로 구성되어 있어 계약관계자를 어떻게 구성하는 것에 따라 상속세 및 증여세가 결정되며 절세 계획도 만들 수 있다. 구체적으로 보험상품이 상속세와 증여세에 어떻게 적용되는지 살펴보도록 하자.

1) 상속세 및 증여세 세율

상속세와 증여세는 무상으로 재산이 타인에게 이전되는 것이므로 과세형평을 위하여 다른 세금과 비교해서 상대적으로 부담이 되는 세금이다.

세율은 10~50%까지 5단계 초과누진세율로 과세하고 있다.

상속세 및 증여세 세율		
과세표준	세율	누진공제
1억 이하	10%	–
1억 ~ 5억	20%	1,000만
5억 ~ 10억	30%	6,000만
10억 ~ 30억	40%	1억 6,000만
30억 초과	50%	4억 6,000만

2) 과세 논리

보험 계약은 해지, 사망, 만기 등에 따라 해지환급금, 사망 보험금, 만기환급금 등이 지급된다. 이러한 보험금을 지급 받는 경우에 계약자, 피보험자, 수익자의 설정에 따라 보험차익에 대한 이자소득세가 과세되거나 상속세 또는 증여세가 과세된다.

보험계약자와 수익자가 동일한 경우에는 보험차익에 대한 이자소득세 과세 여부만 확인하면 된다. 앞서 살펴본 비과세 요건을 충족하는 경우에는 과세되지 않는다.

보험계약자와 수익자가 동일하지 않는다면 상속세 및 증여세가 과세될 수 있다.

보험상품은 보험료를 납입한 계약자와 보험금을 수령하는 수익자가 다른 경우에 수익자가 보험금을 지급 받는 경우 보험료를 납입한 계약자가 보험금을 수령하는 수익자에게 재산을 무상으로 이전한 것으로 보아 상속세 및 증여세를 과세하는 것이다.

3) 상속세, 증여세 과세 대상의 판단

계약자, 피보험자, 수익자 관계와 보험료를 실제로 누가 납입했는지가 과세유무의 판단 기준이 된다. 아래의 보험 증여 사례를 통해서 살펴보자.

(1) 계약자 : 아내, 수익자 : 소득 있는 남편

계약자와 수익자의 명의가 다르더라도 실질적으로 수익자가 보험료를 냈다면 증여에 해당하지 않는다. 예를 들어 계약자를 무소득 주부인 아내로, 수익자를 소득이 있는 남편으로 설정한 경우를 살펴보자.

만기보험금을 수령할 때 계약자 통장에서 보험료가 납부되었기 때문에 남편에게 증여세가 과세되어야 하지만 실제로 소득이 없는 아내를 대신하여 소득이 있는 남편이 납부했다면 만기보험금을 받을 때 증여에 해당하지 않는다.

(2) 계약자, 수익자 : 소득 없는 자녀

소득이 없는 자녀를 계약자와 수익자로 설정한 보험계약을 살펴보자. 소득이 없는 자녀가 만기보험금을 수령하게 되었다면 계약자와 수익자가 동일하기 때문에 별다른 과세의 문제가 없다고 판단할 수 있지만, 소득이 없는 자녀이므로 해당 계약의 보험료를 부모가 대신하여 납부하였을 것이다. 이 경우 소득이 없는 자녀가 수령한 만기보험금은 부모에게 받은 증여재산에 해당한다.

만약, 소득이 없는 자녀에게 재산을 증여하고, 그 재산으로 보험료를 납부한 경우를 살펴보자. 재산을 증여받아서 보험료를 낸 경우에는 보험사고로 인해 수령하는 보험금에서 그 납입한 보험료를 뺀 금액에 대하여 과세한다. 납입한 보험료는 이미 사전에 신고한 증여재산에 해당하므로 보험사고시에 받는 차액금액에 대해 증여세가 부과된다.

즉, 계약자와 수익자 관계도 중요하지만, 누구의 재원으로 보험료를 납입했는지도 중요하다.

보험의 계약자, 피보험자, 수익자의 관계에 따른 증여세 및 상속세 과세 유무			
계약자	피보험자	수익자	과세 여부
아버지	아버지	자녀	증여(상속)세 발생
자녀 (소득없음)	아버지	자녀 (소득없음)	부모가 실제 납부했다면 증여 (상속)세 발생
자녀 (소득있음)	아버지	자녀 (소득있음)	소득 있는 자녀가 실제 납부했다면 과세대상에 해당하지 않음

4) 상속세 납부재원으로 유용한 종신보험

피상속인의 갑작스러운 사망으로 인하여 발생하는 상속세는 남은 상속인들에게 커다란 부담이 될 수 있을 것이다. 상속인들이 현금 유동성이 풍부하지 않다면 생각보다 많은 상속세에 고민할 수 있는데 이 경우 좋은 방법이 피상속인 생전에 종신보험상품을 가입하여 사망보험금으로 상속세를 납부하는 것이다.

상속세는 초과누진세율을 적용하므로 상속재산이 많을수

록 적용되는 세율이 높아 세금도 그만큼 무거워진다. 통계에 따르면 우리나라의 상속재산 대부분은 부동산으로 구성되어 있다고 한다. 따라서 실제 상속이 발생하는 경우 현금이 부족하여 상속세 납부를 하지 못한 경우가 발생하곤 한다.

상속재산의 대부분이 부동산으로만 구성된 경우 상속세를 납부하기 위하여 부동산을 급매로 처분하거나 물납 등을 하게 되는 경우가 발생한다. 이 경우 상속개시일 전후 6개월 내 부동산을 평가받으면 오히려 상속재산이 증가할 수 있다. 따라서 상속세 납부 재원으로 현금을 마련해둘 필요가 있다. 종신보험은 피상속인의 사망으로 보험금이 지급되므로 상속세 납부 재원으로 종신보험의 사망보험금을 활용하면 한결 수월하다.

(1) 계약자 : 자녀, 피보험자 : 아버지, 수익자 : 자녀인 경우

최초 종신보험의 계약자, 수익자를 소득이 있는 자녀로, 아버지를 피보험자로 한 경우 피보험자의 사망 시 발생하는 사망보험금은 상속세가 과세되지 않는다. 보험료를 납부한 자녀가 받아가는 보험금은 자녀의 본래 재산이기 때문이다.

그러나 실제로 아버지가 보험료를 납입한 경우에는 보험금은 상속세 과세 대상이 된다. 보험료의 자금 출처를 명확하게 해야 한다.

(2) 계약자 : 아버지, 피보험자 : 아버지, 수익자 : 자녀인 경우

최초 종신보험의 계약자, 피보험자가 아버지인 계약인 경우, 아버지의 사망으로 자녀가 받는 보험금은 상속재산으로 간주되어 상속세가 과세된다.

만약, 최초의 보험계약 시, 아버지가 보험료를 납입하던 중, 자녀가 실제로 납입한 보험료가 포함되어 있다면 그에 해당하는 보험금은 제외하고 상속재산을 계산한다. 예를 들어 보험료의 절반을 아버지가 납입하고, 이후 자녀가 절반을 납입했다면 사망보험금의 절반만큼만 상속재산으로 본다.

> ※ 상속재산 보험금
> = 보험금액 × 피상속인 (피보험자) 부담한 보험료 ÷ 납입보험료 총액

(3) 공동상속인이 있는 경우

상속인이 1인 이상인 경우 상속인 중 여유가 있는 상속인이 단독으로 상속세를 대비해서 종신보험을 가입해도 된다.

예를 들어 서로 사이가 좋은 3형제의 상속인들이 있다. 다른 형제들에 비해서 금전적인 여유가 있는 자녀가 상속을 대비해서 아버지를 피보험자로 종신보험을 가입해두면 된다. 공동 상속의 경우 상속인들은 각자 받은 비율에 따라 상속세를 납부해야 하지만 연대납부 책임을 지는 상속세는 특정 상속인이 다른 상속인들을 대신하여 상속세를 납부하여도 된다. 다만 상속받은 한도 내에서 상속세를 대신 납부해야만 상속인들 간에 증여세 문제가 발생하지 않는다.

5) 연금보험과 상속세 및 증여세

연금보험을 상속, 증여하면 세금관계는 어떻게 되는지 살펴보자. 요즘은 연금보험을 활용해서 배우자 또는 자녀에게 자산을 물려주는 경우가 많다.

연금보험은 계약자와 피보험자, 수익자를 다르게 지정할 수 있는데 보험계약관계자 설정을 어떻게 했는지에 따라 절세 효과가 달라진다.

(1) 계약자, 피보험자 : 아버지, 수익자 : 아들인 경우

아버지가 생존해 있을 때 연금이 개시되면, 아버지가 아들에게 연금보험을 증여한 것이다. 주의해야 할 것이 연금보험의 증여 시점은 아버지가 연금보험계약을 체결한 날이 아니다. 수익자인 아들에게 연금을 지급한 날이 증여 시점이 되는 것이다.

증여재산가액을 평가하는 방법은 연금개시 시점부터 미래 수령할 연금을 현재가치로 할인 평가한다. 현가로 측정한 평가 방법이 목돈을 한꺼번에 증여하는 것보다 세금 측면에서 유리하다.

확정형 연금은 남은 기간 동안을 현재가치로 할인하고, 종신형 연금의 경우 기대여명에 도달할 때까지 연금을 받은 것으로 가정하여 현재가치로 할인하여 평가한다.

(2) 계약자, 수익자 : 아버지, 피보험자 : 아들인 경우

연금이 개시되는 경우 아버지가 납입하고 연금을 받는 것이기 때문에 상속세 및 증여세 과세문제가 없다. 그러나 아버지가 연금을 지급 받는 중에 사망하는 경우 피보험자인 상속인

중에 한 명인 아들이 연금을 받을 수 있다.

이런 경우 연금을 받을 권리를 상속받는 것이므로 상속세가 발생한다. 종신형 연금이라면 피보험자인 아들의 기대여명을 연금수령기간으로 할인율을 적용하여 상속재산을 평가한다.

보험설계사
세무신고 가이드

초판 1쇄   2018년 03월 07일

지은이   박춘발, 신대성, 권용현
발행인   김재홍
디자인   이근택
교정·교열   김진섭
마케팅   이연실

발행처   도서출판 지식공감
등록번호   제396-2012-000018호
주소   경기도 고양시 일산동구 견달산로225번길 112
전화   02-3141-2700
팩스   02-322-3089
홈페이지   www.bookdaum.com

가격   15,000원
ISBN   979-11-5622-350-4   13320

CIP제어번호   CIP2018005490
이 도서의 국립중앙도서관 출판예정도서목록(CIP)은 서지정보유통지원시스템 홈페이지(http://seoji.nl.go.kr)와 국가자료공동목록시스템(http://www.nl.go.kr/kolisnet)에서 이용하실 수 있습니다.